Cerddi Clwyd

Cyfres Cerddi Fan Hyn

Golygydd

Aled Lewis Evans

Golygydd y gyfres

R. Arwel Jones

Argraffiad cyntaf—2004

ISBN 1 84323 440 8

ⓗ y casgliad hwn: Gwasg Gomer
ⓗ y cerddi: y beirdd a'r gweisg unigol

Dymuna'r cyhoeddwyr gydnabod cymorth
Adrannau Cyngor Llyfrau Cymru.

Cyhoeddir o dan gynllun comisiynu
Cyngor Llyfrau Cymru.

Argraffwyd gan
Wasg Gomer, Llandysul, Ceredigion SA44 4JL

CYNNWYS

vi

vii

RHAGYMADRODD

Nod pob un o gyfrolau'r gyfres hon o flodeugerddi yw casglu ynghyd gant o gerddi am un ardal benodol, ei lleoedd, ei phobl a'i hanes. Yn wahanol i flodeugerddi eraill a seiliwyd ar uned ddaearyddol, cyfres *Awen y Siroedd*, er enghraifft, does dim gwahaniaeth o ble mae'r bardd yn dod; yr unig ystyriaeth o ran *Cerddi Fan Hyn* yw ei fod ef neu hi yn canu am yr ardal dan sylw. Cyfyngwyd cyfraniad pob bardd i ddim mwy nag wyth o gerddi ac yn yr un modd ceisiwyd cyfyngu ar nifer y cerddi i un testun penodol.

Cyfyngwyd y dewis i gerddi a oedd yn ddealladwy heb gymorth nodiadau ysgolheigaidd gan ofalu cynnwys y disgwyliedig a'r annisgwyl, y cyfarwydd a'r anghyfarwydd, yr hen a'r modern, o ran beirdd a thestunau. Cymerodd ambell fardd ran fach ar y llwyfan cenedlaethol tra bod ambell un arall wedi chwarae rhan cawr ar y llwyfan lleol; ceisiwyd cynnwys enghreifftiau o waith y naill fel y llall.

Y gobaith yw y bydd y gyfres hon yn un y bydd pobl yr ardaloedd dan sylw a thu hwnt iddynt yn troi ati wrth chwilio am eu hoff gerdd am yr ardal neu wrth chwilio am rywbeth ychydig yn wahanol, ac y bydd yn cynnig darlun o ardal, ei phobl a'i hanes yn ogystal â bod yn ffynhonnell o wybodaeth am yr ardal y byddai'n rhaid lloffa'n eang amdani fel arall.

R. *Arwel Jones*

RHAGAIR

Diolch am y fraint o gael golygu *Cerddi Clwyd*. Mae'r ardal yn rhannu'n fras i dair ardal – cefn gwlad, y glannau a'r ffin. Taith gylch sydd yn y gyfrol – fesul ardal, a fesul siroedd newydd erbyn hyn. I ddechrau, dilynwn afon Clwyd i lawr Dyffryn Clwyd gan oedi yma ac acw. Yna cyrhaeddwn y glannau rhwng Bae Colwyn a'r Parlwr Du, cyn dilyn afon Dyfrdwy y tro hwn. O Fflint a Glannau Dyfrdwy awn ar hyd y ffin gan oedi yn Yr Wyddgrug a Wrecsam, heb anghofio cyfraniad pentrefi'r llethrau i'r gorllewin ohonynt. Yna ailgydiwn â'r daith i Rosllannerchrugog, a Dyffryn Ceiriog, cyn dychwelyd i Ddyffryn Llangollen a Dyfrdwy, a chyrraedd Corwen.

Mae dilyn afon yn drywydd pendant yn y casgliad, ac fel y'n hatgoffir yn drawiadol o syml yng ngherdd gynta'r casgliad, afon bywyd pob un ohonom ydyw hefyd. Pleser fu crwydro o amgylch yr ardal y bûm gynt yn ei throedio fel gohebydd yn nyddiau cynnar gwasanaeth radio Sain y Gororau, a thrachefn yng nghyfweliadau BBC Radio Cymru ar raglen 'Hywel a Nia'. Ceisiais gyfuno apêl cyffredinol cerddi i leoedd â cherddi i bobl. Yn gwbl fwriadol, cyfosodir cerddi sy'n rhoi mwy nag un wedd i ni ar leoliad neu amgylchiad.

Bu Clwyd yn uned lywodraethol am ugain mlynedd yn y cyfnod diweddar, yn cynnwys siroedd y daith hon – Sir Ddinbych, Sir y Fflint a Sir Wrecsam, a rhannau yn ffinio â Chonwy a Phowys bellach. Oddi mewn i Glwyd cawn rai o ardaloedd mwyaf Cymreigaidd Cymru, ac eto mae'r ffin â'r Clawdd wastad dros ein hysgwydd yn ein herio a'n tanio. Mae'r ffin hefyd yn agored i ddylanwadau.

Gobeithio fod y cerddi'n herio'r ddelwedd a'r disgwyliadau am y gogledd-ddwyrain, gan ei bod yn ardal weithgar, agos-atoch a chynnes ei naws. Mae'n wyrthiol fod yr iaith Gymraeg yn dal i fod yn fyw ym mro'r ffin a'r glannau, yn dal i herio ac yn dal i gynyddu mewn defnydd a pharch gyda chenhedlaeth newydd o ddysgwyr yr iaith. O'r herwydd, rwy'n talu teyrnged arbennig i'r ysgolion Cymraeg arloesol yng Nghlwyd. Hoffwn ddiolch i'r papurau bro oll am gyhoeddi gwybodaeth am ddatblygiad y gyfrol. Fe ddeilliodd rhai o'r cerddi yn uniongyrchol fel ymateb i'r apêl yn y papurau hynny.

Mae fy mhwyslais personol innau yn y gyfrol ar y cyfoes a'r dealladwy – cerddi poblogaidd sy'n cyfathrebu â thrwch y boblogaeth. Gwelwn nifer o gerddi cynnar rhai beirdd i'w bro enedigol, a cherddi newydd sbon gan nifer o feirdd adnabyddus. Diolch yn arbennig i bawb a gynigiodd waith newydd ar gyfer y gyfrol mor ddigymell.

Nodwedd cwbl fwriadol yn yr antholeg hon yw cyflwyno amryw o enwau a thalentau newydd i gynulleidfa ehangach, gan ymhyfrydu yn eu dawn a'u cyfraniad i'w broydd. Hefyd, i adlewyrchu bod traddodiad anrhydeddus Clwyd yn parhau â newydd-deb a ffresni heddiw. Mae'r cerddi sy'n tystio i'r holl weithgarwch Eisteddfodol hefyd yn rhoi darlun cryno a chofiadwy o'r broydd a'u cyfraniad.

Gwelir nifer cyfyngedig o gerddi sy'n cynrychioli mawredd cyfnodau a fu yn llên yr ardal hon. Mae Canu Heledd a cherddi Guto'r Glyn, caneuon gwerin, cerddi ac emynyddiaeth Ehedydd Iâl, a Thaliesin o Eifion (enillydd y Gadair Ddu gyntaf yn Eisteddfod Genedlaethol Wrecsam 1876) i gyd yn cynrychioli traddodiad anrhydeddus. Yr un mor bwysig yw cerddi gan y to ifanc newydd megis Eurig Salisbury, Karina Perry, a chaneuon poblogaidd Caryl Parry Jones a Geraint Løvgreen.

Hoffwn ddiolch yn arbennig iawn i lyfrgellwyr yr ardaloedd am eu parodrwydd i helpu, ac am eu hynawsedd. Wrth baratoi mae rhywun yn ymwybodol bod beirdd da o'r ardal sydd heb ysgrifennu'n ddigon penodol am Glwyd a'i phobl; hefyd bod nifer o gerddi da i Glwyd wedi gorfod cael eu hepgor oherwydd bod cymaint o ardaloedd i'w cynrychioli. Cesglais lawer mwy o gerddi nag y medrwn eu cynnwys, a llawer o'r rheiny'n wych iawn. Diolch i Rocet Arwel Jones am fod wrth law gyda'i gyngor a'i anogaeth ar hyd y broses ddiddorol o hel tua dau gant o gerddi, ac yna didoli'r casgliad terfynol. Diolch hefyd i Bethan Mair a Gwasg Gomer am eu diddordeb a'r sbardun i mi efo'r gwaith hwn.

Mwynhewch y daith, a chyfoeth ardaloedd amrywiol Clwyd!

Aled Lewis Evans

AFON CLWYD

Mi welais Afon Clwyd
   yn cychwyn ar ei thaith,
o ben Hiraethog draw
   fe'i gwelais lawer gwaith
yn llamu dros y cerrig mân
a miwsig yn ei dyfroedd glân.

Wrth sylwi ar ei brys
   fe dybiwn i ei bod
yn penderfynu mynd
   yn union at y nod,
fel plentyn bach a red bob cam
ar neges fechan dros ei fam.

Ond O! mi gefais siom
   pan welais i drachefn
ar waelod Dyffryn Clwyd
   yn llwyd a gwael ei threm.
Ymlwybrai 'mlaen gan hir ymdroi,
a'i chanig felys wedi ffoi.

Gan mor ddiamcan oedd
   i gyrraedd pen ei thaith,
daeth llanw mwyn y môr
   i'w chwrddyd bellter maith;
mewn undeb llwyr y llifent hwy
heb ofni byth wahanu mwy.

O ben Hiraethog draw
   cychwynodd bachgen llon,
arafodd ar ei daith:
   mae ofnau dan ei fron.
O ddwyfol fôr, dy lanw Di
a lifa 'mhell i'm cyrraedd i.

R. H. Jones

1

CWM EITHIN

Bro dawel Hafod Elwy
Niweidiwyd yn weladwy.
Y siwrnai hir i'r Hafod Lom
O hyd sy'n drom i'w thramwy.

Amharu a wnaeth amser
Ar bentre' Llyn y Cymer,
Ond nid yw byw o bell yn llwm
Yng nghesail Cwm-pen-anner.

Os ydyw'r bywyd gwledig
Yn edrych yn siomedig
Dros ennyd fer – bydd wyn ei fyd
A dry i Ryd yr Ewig.

Fe dreiddiodd sain acennog
Hyd eithaf bro Hiraethog,
Ond nid yw tant y Sipsi'n fud
Ger pont y Rhyd-garegog.

Os hudwyd o'r cynefin
Rai plant i gewri'r werin,
Mae eto wŷr yn byw i'w hiaith
Ar erwau maith Cwm Eithin.

Trefor Jones

EIRA AR HIRAETHOG

Pan fo'r llethrau yn eu blodau,
A'r ŵyn yn chwarae'n llon,
A'r gwynt yn swyno'r eithin
I chwifio'r felyn don,
Mi glywaf gân gylfinir
Ar feini'r gorlan draw
Yn fy ngalw i o'r gaea',
Yn ymbil am fy llaw . . .

Cytgan:
Ond mae eira ar Hiraethog,
Ac mae'r haul ar gaeau'r ddôl;
Mae'r byd mor hardd y funud hon
Yn fy ngalw i, yn fy ngalw i yn ôl.

Yn y murddun ar y mynydd,
Teimlais ias y dyddiau fu;
Clywais blant yn chwarae'n hapus
Yn yr ardd o flaen y tŷ;
Ac o'r nyth yng nghorn y simdde
Daeth rhyw sŵn yn awr i'm clyw
Yn fy ngalw i o'r gaea';
Mae'r gân o hyd yn fyw . . .

A phan welaf nant ar garlam
I gyrraedd gwely'r môr,
A'r brwyn yn canu'n llawen,
Ymunaf yn eu côr
I gofleidio'r hyn sydd gen i
Ac i dderbyn beth a ddaw;
I ddiolch am dy gwmni di
A gafael yn dy law . . .

Derec Williams

I GOFIO GWENNIE

(Mrs Gwennie Thomas, Cartref, Y Gyffylliog. Gynt o'r Seler, y Gyffylliog.
Bu farw 12 Mai 1984, yn 74 mlwydd oed. Nith Lewis T. Evans
(1882–1975) – bardd a chynheilydd traddodiad nodedig iawn.
Nant Ladur yw enw'r nant y cyfeirir ati yn yr ail bennill.)

Daeth Mai i ddeffro'r ddaear
    Ac agor dorau draw,
Daeth dewin i'r Gyffylliog
    Â'r allwedd yn ei law;
Ond gwn am 'gartref' yn y fro
A'r drysau heno'n dynn dan glo.

Mi gerddaf heibio'r bwthyn
    Yn sŵn parablus nant,
Mi glywa'r gog yn canu,
    Mi glywaf leisiau plant;
Ond ni chaf eto glywed mwy
Y llais sy'n fud yn erw'r plwy.

Mi deithiais lawer blwyddyn
    I'r tyddyn ger y coed,
A phrofi gwin ei chroeso
    O'r 'seler' orau 'rioed.
Bellach nid oes ar dannau'r gwynt
Ond atgof mwyn o'r gwynfyd gynt.

Hi gafodd gerdd ac emyn
    Yn rhodd o gostrel hardd,
Troes hithau'r etifeddiaeth
    Yn gysegredig ardd;
Ireiddio'r pridd a difa'r chwyn
I gadw'n bur y trysor gwyn.

Ni welaf mwy mo'r arddwraig,
    Na'i harfau gloyw, glân,
Ond gwn fod gardd ei gofal
    I mi yn destun cân,
A phersawr prin y blodau drud
Yn perarogli'n deg o hyd.

Robin Gwyndaf

4

OLION

Ar ffriddoedd y cof, ger Hafoty Siôn Dafydd,
Rhwng crawc y frân a thiroedd y mawn a'r brwyn,
Mae olion ein hil yn gylch o gerrig mudion
Dan orchudd o gen, a llanw'r hwyrddydd mwyn
Yn donnau o aur drosto, hyd nes daw'r lleuad,
Yn ei thro, i alw'r niwl o'r Brennig draw
I wau ei gwrlid lledrithiol hwnt ac yma
Rhwng bydoedd ein byw a'n bod, fel petai llaw
O'r cynfyd yn plethu'r oll yn batrwm cyfrin
O gylchoedd o fewn cylchoedd, yn drisgell gain –
Ddoe, heddiw, fory, maen yn cyffwrdd maen, yma
Ger Hafoty Siôn Dafydd a chrawc y brain.

Aneurin Owen

DYFFRYN CLWYD

(O ben Moel Fama, Gorff. 1925)

Nid dyffryn, ond gogoniant clyd ar daen,
   Fel ystum foethus rhyw arglwyddes gain
   A suddodd rhwng esmwythblu'i lliain main,
Ac ymchwydd ei chlustogau heb ystaen
Oddeutu'i harddwch. Hithau'r frodir fras
   Mewn ymollyngdod llwyr, mynych y teifl
   Ag osgo serchus ryw fraich deg a ymeifl
Am yddfau'r moelydd trwy eu bylchau bas.
Hyfryd a pharadwysaidd yw ei phryd,
   A'i milfyrdd glesni yn yr hafddydd brwd
   Heb fefl nac anaf arno, namyn rhwd
Y crin borfeydd. Yn hedd ei mynwes ddrud
Gan ymfrasáu ar foeth ei melys fêr
Dwy dreflan sugnant faeth ei dwyfron bêr.

                                    R. Williams Parry

DYFFRYN CLWYD

(Ar alaw 'Dyffryn Clwyd')

Yn Nyffryn Clwyd 'r wy'n byw,
Eden werdd Prydain yw:
Mor lân ei lun yw 'nyffryn i!
Mae ôl y Garddwr Mawr
Ar glai Cymreig ei lawr,
A'i Afon Ef fydd Clwyd pan fyddo'n llon ei lli.

Yn Nyffryn Clwyd mae gwig
Las ei bron, lwys ei brig,
Lle cân y gog ei phrolog ffraeth.
Mor fwyn ei wanwyn o
Bryd hau ar fryniau'r fro
Pan ddawnsio'r ŵyn a phan fo'r llwyn yn wyn fel llaeth.

I lendid Dyffryn Clwyd
Daw yr haf gyda'i rwyd,
A haul y nef a lawenha
A heddiw lliw y llwyn
Yw mêl yr hydref mwyn,
A'r ddaear fyw a rydd hoen Duw i ddyn a da.

Yn Nyffryn Clwyd mae rhin
I'n bywháu ym mhob hin,
Ond byr a brau yw dyddiau dyn.
Rhyw ddydd o'i ddolydd ef
Yn drwm yr af i dref,
A'i fron fydd yn obennydd braf i'm holaf hun.

Gwilym R. Jones

7

OFN

(. . . y milflwydd newydd ym Mhrion, Dyffryn Clwyd)

Fel Carneddog gynt,
  Maen nhw'n mynd . . .
    Dŷ Capel, Bod Erw a Groes Gwta –
  fel yr aethon' nhw
    o Efail Wen, Berthen Gron a Buarth Mawr:
    etifeddion muriau carreg
      y Gymru uniaith Gymraeg.

Mae 'na guro a chlirio garw
  yn 'sgubor Groes Gwta –
    yr hen dŷ yn rhy fach
      i falchder estron;
  rhyw Jac mawr melyn
    sy'n rhuo'i drais o draw
      drwy ardd Bod Erw;
  a 'tydi ci newydd Tŷ Capel
  ddim yn cyfarth
    yn Gymraeg.

Fis diwetha',
  daeth mam Efail Wen
    â'i mab i'r Ysgol Sul:
    etifedd gwyngalch
      y Gymru newydd
      uniaith . . .

Eifion Lloyd Jones

WIL

Mae Wil yng ngharchar Rhuthun,
    A'i wedd yn ddigon trist,
Ei rwyd a'i wn yn gorwedd
    Yn segur yn y gist;
Y ffesant mwy gaiff lonydd
    Ym mherthi gwyrdd y plas,
A'r lwyd gwningen redeg
    Yn rhydd drwy'r borfa fras.

Mae Wil yng ngharchar Rhuthun,
    A'i wraig yn malio dim;
Na'r plant na neb yn hidio,
    Ond Fflach y milgi chwim;
Mae hwn fel hen bererin
    Hiraethus a dihedd,
Ei dduw ymhell, ac yntau
    Yn methu gweld ei wedd.

Yng nghwr y goedwig neithiwr,
    A'r lloer yn hwylio'r nen,
Mi welais lygaid gloywon,
    Ac ambell gynffon wen;
A thybiais glywed lleisiau
    Fel mwyn aberoedd pell
Yn diolch i'w Creawdwr
    Fod Wil yn rhwym mewn cell.

I. D. Hooson

MOLIANT I GÔR RHUTHUN
AR GYRRAEDD EI UN AR HUGAIN OED

Mae Mo a Robat mwyach, – er yn hŷn,
    'N wir, yn iau a sioncach.
Pa ddewin rydd gyfrinach
Cyfaredd, i'w bysedd bach?

Bysedd y ddau sy'n bwysig, – i felys
    Gyfeilio'n artistig,
Arwain di-nam, deinamig.
Braint yw cael bod ar y brig.

Yn gyfoes, y gân gyfyd – i'r 'Sêr!'
    A'r sain, O! mor hyfryd.
Mae menter a her o hyd
Yn afiaith eu dawn, hefyd.

Hoff gôr, sâff ei guriad – ddaeth i oed,
    Ddaeth â'i hael gyfraniad.
Encôr mawr pob perfformiad
Roes sylwedd a gwledd i'n gwlad.

Elwyn Wilson Jones

FFENESTR IESSE

(Yn Eglwys Llanrhaeadr, Dyffryn Clwyd)

Rhoed yno rywdro raeadr o wydrau
Na fu ragorach am olrhain achau
'R Iesu o Iesse i lawr dros oesau,
Gwelir y Gair sy'n goleuo'r geiriau
Obry yn lliwio llwybrau tywyll bro,
A'n dwyn i goelio taw Crist yw'n Golau.

D. Hughes Jones

'DIMBECH'

Dichon mai gweithred ddigri
   yw dal i fynd yn ôl,
nid digri gwirion felly –
   digri rhwng ffel a ffôl.

Yn wir, pam mynd o gwbwl?
   Pa dynfa sydd i'r dre,
a minnau'n gweld y newid,
   bob blwyddyn, yn y lle?

Diflannodd y trên olaf
   i'w daith, a gwelwyd cau
y siopau mân lle prynem,
   am geiniog, wynfyd brau.

Mae Trefor wedi torri
   a Brenda'n colli'i brath:
(ai dim ond haul a chawod
   sy'n para yr un fath?)

Gweld gwerthu'r cartre, dyna
   y newid mwya' i gyd,
ond er y gwaniad hwnnw,
   mae'r dynfa'n dal o hyd.

Yn ôl, 'rwyf fel pe'n chwilio,
   er na wn, chwaith, am beth,
ond gwn y bydd y disgwyl
   yn fethiant yn ddi-feth.

Rhyw ddisgwyl clywed, hwyrach,
   atsain criw 'slawer dydd,
a hynny'n llai tebygol
   na fory Siôn y crydd!

Ie, gweithred ddigon digri;
   er hynny, druan gwan,
mi af yn ôl bryd mynnoch
   i browla o gylch y fan.

A pha raid wrth esboniad?
Enfyn y dref ei chri
am nad perthynas ydwyf
ond darn ohoni hi.

Dafydd Owen

TWM O'R NANT

(Dyfyniad)

Ganed Twm ar fferm 'Penparchell',
    Cyn i'r teulu ffarmio'r 'Nant',
Gwybu dlodi drwy'i fachgendod,
    Hynaf oedd o ddeg o blant.

Thomas Edwards 'nôl yr hanes
    Oedd ei 'enw bedydd' o,
Ond fel Twm o'r Nant, fynychaf,
    Y'i hadwaenid hyd sawl bro.

Rhyw dri mis o ysgol gafodd,
    Heb anogaeth mam a thad,
Ond y bychan ymwrolai
    Yn ddi-baid i wella'i stad.

Dysgodd ddarllen a sgrifennu,
    Dygnu wnaeth, heb gymorth dyn.
O goed ysgaw câi rawnsypiau,
    I wneud inc, a'i iwsio'i hun.

Medrus oedd wrth lunio cerddi,
    A'r 'gynghanedd' ddôi'n ei thro,
A heb os ni chododd Cymru
    Anterliwtiwr fel efô.

Fe roes 'Bedair Colofn Gwladwriaeth' i'r genedl,
    A'i 'Dri Chryfion Byd' nid â'n ango' bid siŵr,
Dôi gormes a thrais, a chribddeilgar stiwardiaid,
    A rhagrith offeiriad dan fflangell y gŵr.

Cyn dyfod i'w therfyn y ddeunawfed ganrif
    Roedd Twm yn ei anterth, er dyled sawl gwaith,
Yn cludo rhyw goeden o Ddinbych i Ruddlan,
    Neu droi â'i geffylau i'r De ar ryw daith.

Er aml ddiystyru gofynion gramadeg,
  A chynnwys sawl cerdd gyda geiriau di-chwaeth,
Difyrrai ef gannoedd â'i syfrdan athrylith,
  A'i aml ymosodiad a wanai fel saeth.

O. Trevor Roberts

15

AR FARWOLAETH Y DIWEDDAR MR THOMAS GEE,
HYNAF, DINBYCH

Tros Ddinbych dunych a daenodd – ei ŵg,
   Gee hygar a gollodd:
   Ei llonder yn drister drodd,
   A'i thegwch a waethygodd.

Yn ei oes un hynawsach – ni chafwyd,
   Na chyfaill cywirach;
   Dyn o enaid unionach,
   Ni bu erioed dan wybr iach.

E swynai'i hynaws wyneb – ni'n hollol,
   Enillai anwyldeb;
   Rhoi gwarth anair gwrthwyneb,
   Iddo'n wir ni feiddiai neb.

Delw'i enaid a lanwai – ei wyneb
   A'i wên a arwyddai;
   Y dymer lân feddiannai,
   Bur a mwyn fel bore Mai.

Gŵr Duw oedd, geirda iddo – a'i enw
   Heb un anaf arno;
   Anrhydedd lle bu'n rhodio,
   A'i goffâd mewn parch gaiff o.

E ddiweddodd ei ddyddiau – mewn heddwch
   Mwyneiddiaf, heb ofnau;
   Y mae yn awr yn mwynhau,
   Ei delyn mewn gwlad olau.

Gwilym Hiraethog

DR KATE ROBERTS

(Noson ei hangladd)

Mae rhan o Gymru heno
Mewn craig o wraig yn y gro,
Rhan oedd ry fawr i huno.

Chwerw alaeth bro'r chwareli – a naddodd
    Yn llenyddiaeth inni,
  Heniaith hon a'i rhyddiaith hi
  Heddiw sy'n gofeb iddi.

Mathonwy Hughes

FY MRO

(Llannefydd)

Rwy'n caru mro!
Ei charu â rhyw angerdd sydd
tu hwnt i'm gallu i'w egluro'n iawn.
Ni fathwyd geiriau ddadansodda'r dwfn
deimladau greddfol sydd yn rhan o'm bod.

Rwy'n caru mro!
Ei hamherffeithrwydd a'i gwendidau oll,
fel caraf ei chadernid a'i ffyddlondeb hi.
Ai am mai yma magwyd fi
    y teimlaf hyn?
A roddwyd rhyw ledrithiol aerwy arnaf gynt
pan sugnais ym mhlentyndod faeth o fron
y glòs gymdeithas a'm cofleidiai'n dynn?
    Nis gwn,
ond gwn mai yma mae nedwyddwch i yn llawn,
    mai yma dof agosaf eto Ef.

Rwy'n caru mro!
Rwy'n rhan ohoni hi.
O'i phridd y crëwyd priddyn fy modolaeth frau;
ac ni ddymunwn ddim yn fwy na hyn,
sef cael, pan ddêl fy nhymor yma i ben
ddychwelyd nôl – i freichiau'r fam
a threulio tragwyddoldeb yno'n un â hi.

Gwilym Morris

18

BEDDAU BODELWYDDAN

Yn rhesi cymen
rhwng y llan a'r drafffordd
mae'r gwŷr ifanc yn gorwedd:

nid yw eu diwedd
ar ddiwedd y rhyfel i ddiweddu rhyfel
yn hysbys yng ngeiriad y cerrig:

yn sŵn y traffig
mae ambell gyfeiriad at anrhydedd a rhyddid
yn denu'r sylw, yn cydio'n y dychymyg

ond mae'n beryg
na chawn ni wybod pa ergyd a'u lloriodd
i orwedd yng nghysgod yr eglwys farmor:

dan bridd tramor,
y soldiwr, y gyrrwr, y drymiwr bach,
yn dal ar dir a'u llong yn aros:

mor bell, mor agos,
ar eu ffordd adre, yn cwffio i adael,
a sŵn y ceir fel cusan cariad

yn anadl amddifad:
dan warchae diddiwedd traffig y drafffordd –
Cape Breton, Quebec, Newfoundland –

mor agos, mor bell.

Iwan Llwyd

19

CYFLAFAN

(Trwy ffenestr Ysbyty Bodelwyddan)

Bu'n ffagl dân
rhwng y Morfa a'r rhyd
ganrifoedd gwaedlyd yn ôl.
Yno, yn y bore bach,
trapiwyd catrawd o'n gwŷr
rhwng dau lanw
gan wylliaid estron
a chaed dydd go ddi-fudd
i ddwy fyddin.

Gynnau, a minnau
'yma
fy hunan ar fin Morfa Rhuddlan',
aeth yr wybren eto'n dân
ar gleisiad y dydd
rhwng y Morfa a'r rhyd;
ond, trwy'r bore torrai brwd wawd –
her eglur tŵr yr eglwys –
ateb Bodelwyddan
i'r gyflafan gynt.
Eiliai'r cylch garolau clên
am eni'r Brenin mwynaf
a unai fyd anghenus
yn deulu mawr a dileu muriau.

Arian aur y Concrin 'Ero
ni ddaw'n ôl
na'i thanau bach
i arteithio'r byd.
Yn ebrwydd aeth o'r wybren
wreichion y drin
a ffriai'n y glaw.

Gwilym R. Jones

20

LEWIS VALENTINE

Y cawr o blith y cewri; – cawr hoffus,
    Craffaf o'r proffwydi;
    Hoelen wyth ein cenedl ni,
    Dewraf ei genadwri.

Cennad gwladgarwch cynnar – wynebodd
    Benyberth a charchar,
    Mawr gefn y Gymru a gâr,
    Eilun Duw, halen daear.

Â grym y cyhoedda'i gred, – â'i lef fwyn
    A'i law fawr agored;
    Haul o ddyn. Ei genedl ddwêd:
    'Daliaf, i hwn, mewn dyled.'

Mathonwy Hughes

21

CWRS YR AFON

(Wrth gofio Gari Williams)

Y glaw ar eithin – glaw Hiraethog –
sy'n canu'n y rhedyn yn ffrydiog,
ond gwael ydi gadael gwlad y gog
am y dŵr du a'r mydru diog.
Mor felyn, mewn dyffryn, pob dŵr; – pob haint,
    pob pwll a phob merddwr
    sy'n boddi'r bardd a'r chwarddwr,
troi rhamant nant yn hen ŵr.

Nid aeth ei hwyl y daith hon i'r ddaear,
nid aeth ei lafar gyda'r cysgodion;
roedd ei ddisgyniad i doriad y don
o dir uchel, yn fwrlwm, yn drochion;
dŵr hwn oedd y rhaeadr union, – ei lol
yn egnïol a thasgai'i ganeuon;
y cerrig sioncaf oedd cwrs ei afon
a dŵr yr ha' oedd yn cario'i straeon
a phan dorrodd ei ffynnon – ni ddaeth llai
o'i Hiraethog yma i draeth y gwymon.

Myrddin ap Dafydd

FFLAM

(Mewn edmygedd o arloeswyr Ysgol Gymraeg Glan Clwyd, Y Rhyl)

Ger y môr a'r gororau
Nos gas o'n cwmpas fu'n cau.
Nos i'r hil a nos i'r iaith
'Drywanwyd gan estroniaith.
Gwaedwyd Rhuddlan a'r glannau
A'u troi'n warth dan estron iau.
Aliwn brwnt fu'n hawlio'n bro
A ninnau'n alltud yno;
Dwyn y fro a lordio'n fras
Ar ysbail ac ar dresbas.
Bu gormes trwm yr estron
Yn friw hagr ar y fro hon.

Lle bu'r cledd ger llwybrau Clwyd
Rhyw gadarn gaer a godwyd.
Yno mwy daeth brwydro maith
I arweinwyr yr heniaith.
Cewri'r Fflint yn cario'r fflam.
O bu edliw a bedlam.
Bu anrhaith, a bu anhrefn,
A tharo cudd, a throi cefn.
Ond o waeau dyddiau du
A meysydd y gormesu
Daeth golud iaith y galon
Yn awr i fri drwy'r fro hon.

Minnau a welaf y fflam yn olau,
Hi ddaw â'i gwysiad trwy gaddug oesau.
Yn y fan yma chwi a fu'n amau
Gwelwch y dysgwyr o gylch eu desgau.
Aceniad iaith eu tadau – ddaw'n llithrig,
Yn wresog fiwsig dros eu gwefusau.

Daw plant bywiog Trelogan
I roi gwin yng ngwydr y gân,
Â'u cân dônt yn ifanc gôr
I harddu henfro'r cerddor.

23

Nodau byw eosiaid bach
Yn eu rhyddid pereiddiach,
Ac i felys gyfeilio
O ael bryn ceir awel bro.
Hedd a balm yw'r gân ddi-baid
O riniol dannau'r enaid.

Mi welaf blant Galltmelyd
A'u miri gwyllt, – Cymry i gyd, –
Yn rhodio ar y strydoedd
A gwyrth eu Cymraeg ar goedd.
Bu'r chwarel a'r capeli
O dan warth ein cyfnod ni;
Ond gwybydd rhai fod gobaith
I'r rhai hyn os pery'r iaith.
Yma bu'r Sais yn treisio,
Troes o'r dref i'w dref-dros-dro.
Ond daw gyda thoriad dydd
Oleuni'r wawr ysblennydd.
Try heulwen i'r tir eilwaith,
Ceir sêl dros gapel a gwaith;
Egyr lein sy'n segur lôn
A daw seiad i Seion.

Tyrru o ffiniau Treffynnon
Wna'r gweddill yn llwythi llon,
A geiriau'r iaith a garant
Yn ir mwy fydd ar eu mant.
Rhwydd y dônt ar drywydd dysg,
Eiddynt yw gorau addysg.

I fro araf Glanrafon,
Awn hyd unig, wledig lôn
A gwn mai Cymraes yw'r gog
A ddaw i'r ardal ddiog.

Deil cae clofar Maes Mari
Yn hoff rawd i'r cyplau ffri;
Try'r fywiog, euog awel
O hedd dau, ni ddwed a wêl.

Goreufan serch gwyryfol
Y tario'n hir cyn troi'n ôl.
Anwes twym dry seiad dau
Yn loddest y gweirgloddiau.

Heddiw ceir hogiau'n baeddu
Yn erwau dwfn Parlwr Du.
Draw yn nhir eu di-wawr nos
Sŵn heriog iaith sy'n aros;
I reg wyllt ceffylau'r gwaith
'Straeniant yn nhrwst yr heniaith.

Mor annwyl im yw'r heniaith,
O'i harfer hi mor fyw'r iaith.
Iaith y lofa, iaith lefel,
Iaith i swydd, ac iaith i sêl.
Iaith ysgol ac iaith coleg,
Iaith i Ras, ac iaith i reg.
Iaith y bardd, goreuiaith byd,
Iaith i garu, iaith gweryd.
Iaith goliog, iaith y galon
Di-ail iaith yr ardal hon.

Hael yw ein clod i Lan Clwyd,
Heddiw'i ffydd ni ddiffoddwyd.
Da yw gweled ei golau
A'i her hyd bellter y bau.
Na thewch Fflint, chwythwch y fflam.
Unfflach! Trowch Gymru'n wenfflam.

Einion Evans

GILMOR GRIFFITHS

(Athro cerdd a chôr-feistr Ysgol Glan Clwyd, 1956–1982)

O Ros 'uffern' a'i thras hoffus – y daeth
    un dwthwn hyderus
    â'i fwg â'i air rhyfygus
    i Glan Clwyd (mor llwyd ei llys!)

Cododd angor cerddorol – uwch ei hiard
    ac â chord adfywiol
    herio wnaeth yn ddi-droi'n-ôl
    y gân i'w ffin begynol.

Ar fôr ei ymarferion – fe hwyliodd
    â gorfoledd calon
    i ddwyn i dir ddawn ei dôn,
    Haleliwia'i alawon.

Â rhagor ei gôr a garai – fel un;
    fe lonnai'r holl fintai;
    ond â rheg y mynegai
    ferw'i hwyl i'r cyfryw rai!

Uwch ei weiddi dôi â chwyddiant – cresendo
    croes UNDYN a'i haeddiant;
    i folawd ei gyfeiliant
    â bloedd anwylai ei blant.

I athro doeth aruthredd – yr Amen,
    yn storm haf ei waeledd
    angau'i hun dry'n gynghanedd,
    nid craig fud carreg ei fedd.

Desmond Healy

EIN PAPUR BRO

Cennad fel tân yn cynnau, – aed ei glod
   o Glwyd i'r gororau;
ger y lli mae hi'n dyddhau,
gwelir goleuni'r *Glannau*.

Rhwystro pwerau estron – rhag marwhau'r
   Gymraeg o'r encilion;
gwaethaf y bo'r bygythion
dal ei thir wna'r dalaith hon.

Aled Rhys Wiliam

GWANWYN YN Y RHYL

Agor pan ddêl yr ymwelwyr, fel blodau mis Ebrill y maent;
pob gwesty a siop yn eu blagur mewn côt newydd danlli o baent,
Ardderchog eu lliwiau gloywon i ddenu'r gwenyn di-ri
sy'n heidio yn llu afradlon i'r heulfan yn ymyl y lli.

Deffro o hirgwsg y gaeaf; hon ydyw adeg y 'sêl';
rhaid gwneud yn fawr o'r cynhaeaf; byr ydyw tymor y mêl.
Prin y ceir lle yn y llety – pob gwâl wedi codi ei phris;
mewn cwt yn yr ardd y mae'r teulu: wedi gosod pob stafell ers mis!

Aled Rhys Wiliam

CÂN Y SLAPPERS

(Yn y Rhyleg Wreiddiol)
(I'w chanu ar y dôn 'Ffalabalam a dwdl am y dei')

Pedair geneth ar y pop yn Sunny Rhyl,
Beverly Ann, Belinda, Trace a Fay,
Dau rum and coke, un Hooch a Diamond White,
Ar ôl deuddeg, 'wha' a sight',
Copio off a pigo fight,
Wo! Beverly Ann, Belinda, Trace a Fay.

Amser clwbio ma'n hanner awr 'di dau,
Beverly Ann, Belinda, Trace a Fay,
Cwm on, get down
I shimro rownd ya bags,
Tracy cer i stympio ffags
Ar y boi o Lloc na'th alw ni'n slags,
Wo! Beverly Ann, Belinda, Trace a Fay.

Pump y bore ma'n amser am kebab
I Beverly Ann, Belinda, Trace a Fay,
Don't look, paid troi o gwmpas,
Blincin 'Ec,
Cos yn y ciw tu nôl ma'r peck
Na'th rhoi this icky on me neck,
Wo! Beverly Ann, Belinda, Trace a Fay.

Pedair geneth yn sâl yn Sunny Rhyl,
Beverly Ann, Belinda, Trace a Faaaaayyurghhhh!
Ma'r prom yn troi,
Pass the puke bag Trace,
Ma' stumog fi yn outer space,
I'm steamin' and I'm off me face,
Beverly Ann, Belinda, Trace a Faaaaayyurghhhh!

Pedair geneth yn ôl yn Sunny Rhyl,
Beverly Ann, Belinda, Trace a Fay.
Dau rum and coke, un Hooch a Diamond White,
Ar ôl chwech ni ddigon tight
I neud be ddaru ni neud last night,
WO! Beverly Ann, Belinda, Trace a Fay!

Caryl Parry Jones

(Rum and Coke, Hooch a Diamond White – Gwirodydd traddodiadol wedi eu bragu'n arbennig ar gyfer merched tebyg i Beverly Ann, Belinda, Trace a Fay.
Copio off – Ymgyfeillachu â llanc ifanc heini (a meddw hefyd, o raid!)
Pigo fight – Ymgiprys gyda merch, bachgen, anifail, hand dryer neu beth bynnag sydd wrth law ac sy'n fodlon cymryd rhan yn y gamp leol, draddodiadol hon.
Cwm on, get down – Dyma eiriau y Galwr mewn dawnsfeydd gwerinol a fynychir mewn ysguboriau modern megis Rosie O'Grady's yn y Rhyl. Cri i gadw'r gwin yn llifo a'r ysbryd yn uchel.
Shimro – Techneg ddawnsio sy'n gofyn am ysgwyd yr ysgwyddau yn ffyrnig gyda chryndod hefyd yn y pen. Gorau oll os yw'r tintws a'r bronnau yn dilyn.
Slags – Gair i ddisgrifio ysbryd cymwynasgar llancesi'r fro.
Kebab – Brechdan Roegaidd ei natur a fwynheir gan amlaf yn oriau mân y bore. Yn ôl traddodiad a llên gwerin, mae ei blas yn gwella gyda llond bol o'r medd lleol.
Peck – Llanc ifanc o gefndir amaethyddol sy'n mentro o'r bryniau o bryd i'w gilydd i brofi bywyd y dref. Fel arfer yn fochgoch, dwylo anferth, anghyfarwydd â'r deintydd ac yn cerdded â'i fodiau yn ei bocedi. Fel arfer o Lannefydd neu Prion.
Icky – Symbol o gariad ar ffurf clais a ddodir ar wddw anwylyd y rhoddwr.
Puke bag – Cwdyn papur a ddefnyddir i ddal cynnwys boliau. Offrymir holl wariant y noson drwy ei wagio via'r geg neu'r trwyn i'r cwdyn, a'i adael ar y prom i'r gwylanod.
Steamin'/Off me face – Dyma fel y disgrifir y cyflwr a gyrhaeddir ar ôl noson yn y Rhyl. Mae cyrraedd y stad yma'n fesur o lwyddiant.)

Y RHYL

Boed y Rhyl fel y bu; promenâd gorymdeithadwy
Yn addas ar gyfer seindorf, syrcas, neu orsedd y beirdd;
Nid crachen ar lan y môr, nid pentwr blêr o deganau
Ond ogof yn cynnwys mewn dwyfol gydbwysedd
Gapeli clodwiw llai na llawn a stondinau oferedd
Yn hapus dyrfa yn disgwyl eu cosb o fflamau amryliw anniffoddadwy.

Perthynai mwy i'r dreflan gynt na nodwyddau cyffuriau
A nawdd cymdeithasol: bu yma dyrrau o deisennau melys
A chysgodion plant yn marchogaeth beiciau tair olwyn
O un pen y paith promenadol i'r llall; a fferyllwyr
Yn dosbarthu'r Rhodd Mam bob yn ail â phacedi
Durex, a gwylanod ymosodol a chynghorwyr
Oll yn eu tro yn gloywi 'u plu a'u cadwyni arian
Ar gyfer eisteddfod neu, *mirabile dictu*, ymweliad brenhinol.

Yn y cyfamser cyfrin, ar gadeiriau cadw rhwng y twyni tywod
Neb llai na Duw a Mamon yn disgwyl eu tro
Tra bod eu hepil hurt yn archwilio strydoedd cefn
Y Ffair Wagedd am waharddiadau gwerth eu torri; boed
Wych, boed wael, hon oedd yr unig dref i gynnig
Clociau fel cymylau yn hedfan yn yr awyr las
A chandi-fflos llencyndod fel rhith o foddion gras.

Emyr Humphreys

31

EMRYS AP IWAN

Wladgarwr gwrol, er nad oeddit gawr,
  Traethaist yn dawel y gwirionedd doeth,
Cyfodaist faner dy iaithgarwch mawr,
  Gwanaist yr 'hanner Cymry' â'th air coeth.
Ceryddaist lwgr waseidd-dra'r llyfwr Sais
  A'r crafwr esgus; grymus oedd dy gri;
Nid hoff gan genedl lugoer, lwfr dy lais,
  Nid mêl i'w duwiau dy homiliau di.
Gan Dduw na chawset fyw i weld dy faes
  Cyndyn a driniaist, ac na fynnai'i drin
Yn nydd y dymestl lem a than ei slaes,
  Bellach yn croeni 'r ôl blynyddoedd crin;
Gwawriodd y Gwanwyn, ac nid oes a'i gwâd,
Mewn Cymry ifanc yr egina'r had.

Mathonwy Hughes

SIR Y FFLINT 2004

I dylwyth Benjamin Llwythau Gwalia,
    braint yw gwylio'r ffiniau,
tafodiaith, iaith i fywhau
rhyddid i warchod gwreiddiau.

Yn allwedd i'w holl ddiwylliant – yw cwilt,
    tir coeth, craidd diwydiant,
patrymau bro fu'n taro tant
ag anian yn ogoniant.

O linell môr a'r glennydd, i ryfedd
    arafwch y rhosydd,
o'n byd rhemp, i ysbryd rhydd
a nodau pur ehedydd.

Yn rym i'r holl batrymwaith yn y Sir
    mae sêl o galedwaith,
gwreng y ffin yn lleng a ffaith
i hybu yr hen obaith.

Ein harwyr oeddynt gewri, – byd y bêl,
    byd Beibl a'r capeli,
byd ein llên a byd ein llonni . . .
a nhw'n hysbrydoliaeth ni.

Ai ni yw arwyr yfory – ai hon
    yw ein hawr dros Gymru?
nid clebar na galaru
wna'n cornel fod fel a fu.

Norman Closs Parry

MARWNAD I'R PARLWR DU

(Gydag ymddiheuriad i waith Crwys)

Nid yw'r weindar heno'n codi
   Lan o'r dwfn ym min y môr,
Trodd y weindar ola adre'
   Dan ei bwn, yn wael ei stôr:
Ac mae sŵn y dram a'r injan
   Fu yn chwyrnu trwy y fro,
Er pan gaewyd giât y Lofa
   Wedi rhoi eu holaf dro.

Rhed y briffordd heibio'r fangre
   'N cario fflŷd ymwelwyr hŷ',
Ond ddaw neb i nôl y tali,
   A'r hen olwyn fawr ni thry:
Lle dôi hogia glew Trelawnyd
   Derfyn dydd i'r band neu'r côr,
Ni cheir mwy ond cri gwylanod
   Yn hir wawdio'n hesg y môr.

Segur ydi Prins a Loffti
   'Mhell o sŵn yr hwter groch;
Pylwyd sglein y lamp a'r rhawiau,
   Pydru mae'r sgerbydau coch.
Ni cheir yma'r hen gwmnïaeth
   Seriwyd yn y dyddiau fu –
Dim ond chwalu, dim ond malu,
   Malu Glofa'r Parlwr Du.

Elwyn Wilson Jones

ENNIS

Anwylyd nid wy'n wylo
a gor-wae a thi'n y gro.
Heno, ferch, wyt wyn dy fyd,
heb feichiau, heb afiechyd.
Trwy risialfor clodforedd
mwynha dy nofio mewn hedd.

O gofio cur gaeaf caeth
meiriolwyrth oedd marwolaeth.
Y dwthwn hwn daeth i ni
arwydd o'r maglau'n torri,
a myn dy fam a minnau
nad oes a all ein dwysáu.

Buost yn fwy na'n bywyd,
yn y bôn ti oedd ein byd.
Aeddfed dy ddoniau buddfawr,
ond mwy oedd dy enaid mawr.
Da yw aria o ferroes, –
nid ei hyd yw hanfod oes.

Ni wybu dy allu di
reolau cymedroli;
am hyn anelaist ymhell
nid am dda ond am ddeuwell.
O raid brasgemaist ar ôl
rhagorach na'r rhagorol.

Â'i hyrddwynt, daeth i'r hirddydd
nychdod i dduo dy ddydd;
o wynebu anobaith
ar fôr dwfn rhy hir fu'r daith.
Tonnau eigionau dy gur
dystient am fyd didostur.

Pan fyddo'r storm yn ormod
a byw mor ddiflas â bod,
dyn biau gadwyn bywyd
a'r hawl i'w thorri cyn pryd.
Arwydd o wawr a rhyddhad
i hedd yw hunanladdiad.

Profiadau dy angau di
a edrydd am wrhydri,
a'r ffarwel heb ffarwelio
yw'r cur sy'n meddiannu'r co'.
Dy arfaeth ydoedd darfod,
llwyddo i beidio â bod.

Dyner un, croesaist yn rhwydd
o ddagrau i ddiddigrwydd,
o ddyddiau dy ddioddef
a drain oes i Dir y Nef.
Uwch yr ofn yn hardd a chry'
tywyswyd di at Iesu.

Trwy ras Ei Drefn nid dros dro
y tawelwyd dy wylo,
a rhoed yn dringar wedyn
ennaint Duw ar fethiant dyn.
I ffydd mor gelfydd yw'r gwaith
o bereiddio dy bruddiaith.

Cenais am huno cynnar,
am drasiedi colli câr.
Gwn am sugn-draeth dy gyni,
ond er hyn, tyrd, esgyn di
o oes fer, fy Ennis fach,
i ieuangoed ehangach.

Einion Evans

36

Y SAMARIAD DRUGAROG

(Cyflwynir i'm cyfaill, Mrs Dilys Bateman)

Llarpiwyd gan ladron flynyddoedd rhuddin
    fy Ieuenctid,
nes gwaedai f'ymennydd yn y dyfroedd bas.
    Llifo
      a
        gorlifo
           yn gefnfor rhuddemwawl
              o anobaith.

Wrth ymfalwodi yn y graean
gwibiais am Ryddid cyffion!
    Eithr cyff gwawd oeddwn innau
    a grym y cesair yn llethu pob cysur.

Cerdded 'o'r tu arall heibio'
    HEDDIW?
      yn ein byd goleuedig ni?
      Pŵl y goleuni,
        a chlywais ddau neu dri
yn ei 'morio hi' mewn 'tafodau gwahanedig megis o dân'
(di-fflam),
pan oeddwn innau dim ond yn gallu yngan un geiryn –
'Paham?'

Ond arweiniwyd un drugarog ataf fi
a thywalltodd ei Gwin a'i Holew
yn hael o eigion dyfngar ei chalon.
    Y Gwinoedd yw ei gwên,
    a'r Olew, –
Y Cariad a lifodd arnaf fi – ei ffrind.
Do. Gwelodd y Samariad hon Oleuni'r Seren Wen.
    Diolch i Dduw amdani.
    Yn oes oesoedd, Amen.

Ennis Evans

EMLYN WILLIAMS

Mae'r llenni'n codi, a'r si yn distewi drwy'r dorf;
i ganol y llwyfan y cerddaf, a chwaraeaf fy rhan
fel y gwneuthum erioed; ailactio'r un cymeriadau:
Iago, Othello neu Hamlet, Rob Davies neu Dan.

Ar bwy yr edrychwch? Pwy a welwch pan mae'r golau'n pylu?
Ni wyddoch pwy wyf ar y llwyfan, ni wyddoch pa wedd
a wisgaf heno: ai Horatio neu ai Hamlet â'i groesan
yn wylo ei chwerthin o'i lwch, ai'r rhith yn y wledd?

Weithiau mae gwg ar y mwgwd, weithiau chwerthiniad;
weithiau mae tristwch a dagrau, ac weithiau mae gwên;
ac weithiau mae'r masgiau'n gymysgedd o lawenydd a dagrau,
fel na wyddoch p'run yw'r wyneb claf na'r wyneb clên.

Chwaraeaf fy rhan o'ch blaenau yn fygydau i gyd,
a chithau yn methu dyfalu pwy ydwyf fi:
ai Iago sydd dan y mwgwd, ai Emlyn neu Hamlet?
Macbeth neu Othello? Neu efallai mai'ch actio chi

eich hunain yr wyf ar y llwyfan, ail-greu eich hunllefau,
actio eich holl obeithion a'ch breuddwydion brau;
eich tywys drachefn drwy eich ofnau, a chithau'n gofyn:
'Pa ran a chwaraeodd hwn?' cyn imi'ch rhyddhau

i'r nos i ddod wyneb yn wyneb â chi eich hunain;
o leiaf mae'r mygydau'n fy nghuddio, ac eto gwn
mai rhith yw'r chwarae, a thenau yw'r ffin rhwng chwerthiniad
a thristwch a dagrau; tenau fel y mwgwd hwn.

A phan fydd y llen wedi disgyn, bryd hynny diosgaf
y masg yn fy 'stafell ymwisgo, ar fy mhen fy hun,
a gwelaf dan yr haenau o golur y llofrudd sy'n cuddio
oddi mewn i mi, y ddrychiolaeth ym modolaeth pob dyn.

Alan Llwyd

CERDD GOFFA I DAVID LLOYD

Ni freuddwydiaist erioed am fod yn ddim
   amgenach nag un ohonom 'ni' –
Dei, mab Pyrs Llwyd Bryn Siriol, 'un
   o'r hogiau,' dim mwy;
ond pan lamodd dy lencyndod dros
   nos i'r nen –
enfys a'i bwa'n obeithion
o'r eisteddfod fach yng Nghaerwys i'r
   ŵyl fawr yn Glyndebourne draw –
nid oeddem yn fodlon . . .
roedd yn rhaid gwneud 'duw' ohonot
   yn awr.

Mae'n siŵr i'r canmol droi'n syrffed
   droeon, yr hen ffrind –
dyn bob modfedd ohonot, nid oedd yn
   dy natur i fod yn 'dduw';
mae'n siŵr i'r digywilydd dy ddrysu –
ffalsio i brynu dy gân â ffortiwn dyn-marw;
a phan ddiosgaist dy goronau,
diamau y gwelaist eu blodau'n gymysg
   â drain . . .

Rhydwen Williams

DYFFRYN MAES-GLAS

Mae sglein ar Ddyffryn Maes-glas,
heddiw mae'n llecyn addas
i'n tywys yn finteioedd
i wir naws yr hyn a oedd.
Nodion o'n hanes ydyw,
a'r oes a fu yn wers fyw.

Uwch ffrwd fach ffrydiai i fyd
ru o bŵer a bywyd
a roddai hwb i ryddhau
olwynion y melinau.
Llifai aur o'i llif arian,
gadawai log i'w dwy lan.

Canolfan diwydiannau,
hendre y mynd a'r ymwáu.
Rhan o werth ein dyffryn ni
fu'r taeraf o'r hwteri.
Ddoe am oes roedd yma waith,
mentrau amal mewn trymwaith.

Ger stordai egr stŵr y dydd
cryfach pwerau crefydd.
Deuai ffyniant o ffynnon.
Dyfal ffydd a daflai ffon.
A bu hedd uwchlaw pob ing
yn oesol dangnef Basing.

Hynodion ein treftadaeth,
rhan o wefr yr hyn a aeth
a welir yn argoelion
rhodle hardd yr ardal hon.
I'r fan hyn troir i fwynhau
ôl bythol yr hen bethau.

Trwy adfer yr hud drudfawr
try ddoe'n ôl trwy heddiw'n awr.
O ail-weld alarch ar lyn
oeda'r canrifoedd wedyn.
Ein delaf fan, deil a fu
yn fawredd i'n hyfory.

Einion Evans

MAE COURTAULDS 'DI CAU

(I'w chanu ar y dôn 'Tair Acer a Buwch')

Tan iau o ddiweithdra mae'n llwm iawn yn Y Fflint,
    lle bu y gwaith isaf a'r canol a'r top,
a lle bu prysurdeb yn ffatri Maes-glas
    mae pethau 'di newid, aeth hychod drwy'r siop.

Cytgan:
Mae Courtaulds 'di cau,
mae Courtaulds 'di cau;
fel rhan o Thatcheriaeth
mae Courtaulds 'di cau.

Trwy'r holl drafodaethau, os stwbwrn fu Hogg,
    ymdrechodd yr Undeb i arbed y gwaith,
ond ofer pob ymgais, di-fudd pob perswâd,
    'rôl brwydro am fisoedd mae'r ardal dan graith.

Pan eir â'r peiriannau draw draw dros y môr,
    i weithwyr yr ardal mae'r India ymhell;
yn awr, Mr Tebbitt, gwrandewch arnom ni,
    mae gweithio yn Delyn yn llawer iawn gwell.

Un ddiwerth yw ffatri pan fyddo yn wag,
    nid picnic i weithwyr yw byw ar y dôl.
Pan ddaw yr etholiad fe gofiwn am hyn,
    cawn wared â Thatcher fel na ddaw yn ôl.

William Davies

YR ASYN A FU FARW

Yr asyn a fu farw
  Wrth gario glo i Fflint
Fe 'nillodd mewn saith mlynedd
  Dros bedwar ugain punt.

Cytgan:
  Tan ganu, di-wec, ffal-di-ral-di-ral-di-ro,
  Tan ganu, di-wec, ffal-di-ral-di-ral-di-ro,
  Yr asyn a fu farw
  Wrth gario glo i Fflint.

A Jac y Foty Dirion
  A aeth i gladdu'r mul,
Fe fwriodd arno gerrig
  A thipyn bach o bridd.

A Joni aeth i weddi,
  A honno'n weddi dlawd,
A'i ddagrau oedd yn powlio
  Wrth gladdu mul ei frawd.

A Joni aeth i fyny –
  I fyny rhyw lôn gul,
Gan daeru nerth ei enau
  Na chladdai byth mo'r mul.

Y mul a godai i fyny
  A Joni bwysai i lawr,
Gan weiddi'n groch a rhegi,
  Wel dyma helynt fawr!

Doedd yno yr un person
  Na chlochydd o fewn llaw,
I roddi y mul truan
  I orwedd yn y baw.

Y mul a godai i fyny
  Ei olwg tua'r nen,
A'r bobl yn gorfoleddu
  Haleliwia byth! Amen!

Traddodiadol

43

DUR

Nid yw'r awel heno'n llyfu'r lloriau
na'r Meistr Dŵr yn dwrdio
ym Mhwll y Gwynt.

Rhudd yw'r Caeau Coch mewn rhwd
a'r glowyr heno'n huno
yng ngerddi syfrdan byddar Bethel.

A'r afon aflesol yn llifo yn llonydd
hyd lannau lleidiog llesg gan loes.

     ★   ★   ★

Ac yna –
daeth y dur.
Y dur o'r diwedd!
A thuriodd i briddoedd gwan y gororau
a'u gwneud yn gryfion,
trwsio trawstiau'r gwaith a'u huno,
sefyll mewn muriau
i siop ac eglwys a thafarn a thŷ.
Rhuai'r ffwrneisi
ac arllwys eu tân a thywallt eu dur
i wythiennau poeth y dynion newydd yn ddur-galed deyrngar.
Dur!
A dur oedd ein calon a'n calan a'n medi
yn pontio'r flwyddyn ddiderfyn.
Rhuem ninnau –
a dwndwr dur
yn troi'n brebliach prês.

     ★   ★   ★

Deng mlynedd yn ôl,
rhwystrwyd y rhaeadr
o ddur ac arian afrad . . .
Llifodd y llewych o lannau ein hafon
a Dyfrdwy'n wylofain
dan gwymp ei chaerau.

Nid y ni oedd i ddweud
gwerth ein gwaith –
a heddiw – wel, does dim i'w ddweud.

Gwagwyd y siop a'r eglwys a'r dafarn
a malu'r ffenestri yw ffolineb heno;
meiriolodd y caletwch eirias –
a dim ond y drysau sydd heddiw o ddur.

★   ★   ★

Nid yw'r awel heno'n llyfu'r lloriau
na'r Meistr Dŵr yn dwrdio
ym Mhwll y Gwynt.

Ac anial wag annynol
yw teyrnas ddur Dyfrdwy,
yn oer, fel cynt.

Mererid Puw Davies

FFLINT, 28.12.88

Roedd y Dolig wedi hen adael Fflint –
wedi dod,
ac am wn i wedi bod,
gan gachu ei wacter
yn llwyd
ar gleisiau o strydoedd

ond mynnai un gofio ei gŵyl,
ei choesau tew noeth
dan sgert fer ddenim
a jymper nadoligaidd newydd,
ei jymper goch newydd

a'r lliw
yn herio
yn cywilyddio
yn brifo
y llymder, y ffenestri toredig a'r pren plastar
yn Corbett St,
Fflint.

Alun Llwyd

YR ALLWEDD

(Cân er mwyn dysgwyr Cei Connah)

Dewch! Mi adawn
y gwersi heno am asbri ennyd,
a hithau'r awen yn rhoi adenydd
inni hedfan yn hwyliog goruwch tiriogaeth
eich llafur oll a'ch llyfrau hen,
i weld yr iaith yng ngwlad yr hud,
i weld symbyliad eich gwers.

Awn
i hud a lledrith y wlad a all adrodd
o'i phob rhyw gornel ei llond o ddirgelion
a'u hystyr mor loyw'n ymestyn o'ch blaen.
Yno, â'r iaith yn ein cynnal, yr awn;
awn, chwithau a ninnau, a chael
o'r perthyn gyfrinach ein hynni
a'r deall sy'n allwedd i ni.

Dangosaf i chwi resymau eich cofrestru
        yn hy yn y dosbarth nos
a dod at y dasg
o estyn tafodau anystwyth
o gylch pob gair
ac ymroi i'r Gymraeg.

Dangosaf i chwi lendid ynghanol concrid ein Cei.

Trem o allt y Tir Ymhél:
gweld gorwel, gweld Cilgwri,
a gweld y chwe milltir i Gaer,
a ffin anniffiniol
y Seisnigrwydd sy'n llwyddo
ar bob llaw.

Trem arall o'r trum iraidd:
edrych ar gynllun yr hydref
i anelu'i heulwen, yn hwyr y prynhawn,
o stadau-tai Golfftyn i lawr dros y fynwent

a rhoi o'i aur nes troi tyrau-oeri'r
pwerdy'n wenfflam yno.

Y werin, fel llun gan Lowry, yn fân dan gysgod gweithfeydd,
a siom ymadael â Summers'
neu angerdd hir einioes o longau
i'w gweld ar wynebau'r gwŷr di-waith wrth y doc,
yn gwylio'r foryd
        i gael a fu.
(Ar lan hen afon Dyfrdwy ddofn, a ddaw
        i Shotton eto'n sgil Toyota
waith i wŷr,
yn don o ddiwydiannau ieuainc?)

A'r gwragedd, yn hedd y prynhawn,
i'w gwaith, yn yr ysgol a'r coleg, yn gweu rhwng ei gilydd,
yn haid at eu swyddi glanhau;
yn dyfod, hyd ael Bryn Deva,
a heibio'r tai-cyngor brics-coch
        o Lôn y Bryn i Lôn Gelyn, neu oedi i gael
        rhyw sgwrs filltir-sgwâr
                hyd gonglau Lôn Degeingl
                        am heddiw'r dydd.

Y mae inni hanes, ynghron mewn enwau hen lecynnau'r Cei;
i'r hwn sydd â'r iaith yn allwedd, cyforiog yw'r cyfaredd a fu:
ni ddaw'r môr hyd Lan-y-Morfa mwy,
na gwŷr y Goron i hawlio'n hy eu harian o'r Dollfa'n ôl eu deddf;
nid oes bonedd i'r Plas Coch heddiw, na melin ŷd ym Mill Lane 'nawr;
ond erys yr enwau a dorrwyd, ynghlo ond yn effro i'r iaith.

A hithau'r iaith, y mae yma a thraw
hyd y Cei, yn esboniad cân,
yn ein henwau i'n tai, ar ein caeau a'n tir.
Wele: mae Nyth Aderyn, a Heulfryn, Tŷ Ni,
ac Awelon, Plas Penmon, Coed Pîn,
i'w cael, un ac oll, yn eich Cei;
a hwnt, tua Northop Hall,
mae glesni Llyweni a harddwch Cae Llys;
mae nythfan y garan ym mrigau'r coed gwern,
a phyllau'r genau goeg, i'n heddiw'n rhyfeddod prin.

Ac eto, o hyd,
i blant y cylch meithrin,
   â'i hen hwyl, â'i hen rin,
      yn ieuanc o hyd, fe ddaw'r iaith
o wythnos i wythnos yn wyrth,
a'i geiriau'n fap ac agoriad
i nwyf eu cynefin
o hyd.

Felly, hyd Afallon y Cei
(gan mor Gymreig y miri oll ym mro'i hud),
dewch, yn syth a di-oed.
Dod i'r iaith, cans hi yw'r drws i hud eich treftadaeth hen,
a'i geiriau'n rhoi agoriad i fawredd un yfory.
Yn awr, deuwch draw − o, deuwch trwy'r drws!

Dafydd Evan Morris

49

CYWYDD CROESO I EISTEDDFOD GENEDLAETHOL BRO DELYN 1991

Croeso i dreflan Daniel
Ar Awst – heb yr ymbarel!
Yn ein henfro yn unfryd
Da gweld hen ffrindiau i gyd.
Rhubanwn ein derbyniad
Er eich budd hir a'ch boddhad.

Yr hwn a deilwriodd Rhys
Yn ei oriel a erys.
Yno mae Gwen ac Enoc,
Athro'r clas a thorrwr cloc,
Twm a Mari a Tomos
Yn parhau rhwng cloriau clos.

Holwch am gartre Alun
Y bardd, a gwelwch lle bu'n
Llunio ei gân fel llinos
Dan bob her yn nyfnder nos.
Eglwyswr, gŵr a fu'n gaeth
I'w ddawn ym myd barddoniaeth.

Am Wilson mawr sôn y sydd,
Hen lwynog o arlunydd.
Yn bêr ei sain, Ambrose â
I adfer llawer oedfa.
Cyforiog ein henwogion,
Rhiniol yw y gornel hon.

Er y Ffin, nid un ar ffo
Yw'r heniaith, sicr yw honno.
Trwy sianel ein harddeliad
Mae i'r Gymraeg ei mawrhad,
Mae'n iaith fyw at bob rhyw raid,
Deil ein hanadl a'n henaid.

50

Cofier bydd gwychder y gân
Yn haflug yn y Dreflan,
A'n gwerin yn werin wâr,
Yn un siew – tŵ-bi-shiwar!
Dowch i'r ŵyl yn hwyl yr ha'
Atom i eisteddfota.

John Lewis Jones

CYMERIADAU DANIEL OWEN

(Dyfyniad)

Wil Bryan

Y dilincwent talentog! – Er ei warth
'hen drymp' o anwylrôg.
Un da am iaith flodeuog,
a gwalch mor hapus â'r gog.

Difraw gynhyrfwr dyfroedd. – Hoffai'r hwyl
o droi ffrwd yn foroedd.
Er hyn, rhyw arwain yr oedd
o erchwyn ei ymgyrchoedd.

Trystiog a gwibiog ei hynt, – un â dawn
Hwdini mewn helynt,
cyrraedd, darogan corwynt,
terfysgu, gwadnu fel gwynt.

Darwinaidd awdwr enwau – na fethodd
wrth fathu ei deitlau.
Eto, mewn print, mae'n parhau
yn ddigri' hyd at ddagrau.

Cnaf fel goraeddfed afal, – da o ran,
a'r drwg yn gyfartal.
Gwyrni'n gymysg â Gurnal,
enaid pwdr gydag *old pal*.

Einion Evans

52

CYWYDD DATHLU 21 YSGOL MAES GARMON

Lle rhed Clwyd fe gafwyd gŵr –
Gwefreiddiol Gyfarwyddwr;
Gofidiai am y famiaith,
Un dewr oedd dros gadw'r iaith,
A rhagwelai argoelion
Golau wawr o'r ysgol hon.

Ysgol Maes Garmon, honno
A roes her i bryder bro.
Mor Gymreig ei muriau hi
Sydd â gorsedd ei gwersi
Heddiw yn troi iaith eiddil
Yn ei thro'n obaith yr hil.

Neuaddau cyflawn addysg
Yn llawn o bob dawn a dysg;
Perlau llên dan heulwen haf,
A thelyn ar ei thalaf,
Ym mhob peth y mae'r 'pethe'
Bob dydd yn gelfydd eu gwe.

O'i dod i'w hoed cawn oedi.
Eilio'n tant i'w moliant hi,
A chanwn, canwn fel côr
'Un-ar-hugain – a rhagor!'
Hon a wnaeth; heb edrych 'nôl
Aed i fedi'r dyfodol.

J. Eirian Davies

53

RHYFEDD O FYD

Ynghanol maes y moduron
Wrth ystlys Bethesda
Codwyd sgubor o siop
– Siop Lennons.
A rhoddwyd ar ei thalcen
Mewn llythrennau o aur
'Canolfan Ambrose Lloyd Centre'.

Rhyfedd o fyd!

Bu yma ar ein heolydd gynt
Hogyn ysgol
A glywodd, yn un ar bymtheg oed,
Gynghanedd y gerddoriaeth.
Daliodd y nodau yn rhwyd y dôn
A'u hestyn
I'r saint
Dan yr enw 'Wyddgrug'.

Tyfodd yr hogyn yn llefnyn o drafaeliwr
Dros rai o fasnachwyr trachwantus Lerpwl.
Treiglai ei ffordd o gownter i gownter yn y Gogledd
Â'i gap yn ei law
I fegian archebion i'r meistri hwnt i afon Mersi.

Ond – codi siop heddiw
I'w gofio?

Rhyfedd o fyd!

Beth sydd a wnelo dwyfol ganiadau
Fel Eifionydd, Maesglas a Mostyn a Theyrnasoedd y Ddaear –
Beth sydd a wnelo'r rhain
Â phethau fel cig moch a menyn a chaws a choffi,
  bisgedi a bara?

A yw'r Diafol â'i fryd
Ar lurgunio gweledigaeth Dafydd Jones o Gaeo
A'n twyllo i newid
'Prynu'n bywyd, talu'n dyled'
Er mwyn canu
'Prynu'n bwyd a thalu'n dyled'?

Agorwch ffenestri Bethesda
I gyfeiriad y morgrug meidrol
Sy'n sbecian o silff i silff
Am eu gwleddoedd
Yn yr archfarchnad –
Agorwch y ffenestri
A chenwch heddiw i'r Wyddgrug
Am wleddoedd Calfari.

A diau y daw
Ambrose yn ôl o'i drafael a Dafydd o'i borthmona,
Yn ôl eilwaith o niwloedd yr anwel
I gydio yn y gân,
Am y Meseia a gawsom gynt
Yn Ffrind a Phrynwr dynol-ryw.

J. Eirian Davies

AROS A MYND

I ble mae Moel Famau'n mynd?

Weithiau,
Dan bryder niwlen y bore,
Ofnaf
Nad yw yno.

O'i gweld wedyn
Ym mhellter y prynhawn,
Teimlaf mai yn ei chwman y mae,
Yn benisel,
A'i phloryn
Fymryn yn is.

Daeth yr haul heibio heddiw
A gosod ei gusan
Ar y llechweddau llachar
I'm herio mewn dadl dwyllodrus,
Gan honni
Fod y mynydd, fel erioed,
Yn lliwgar ei frethyn
Ac yn llond ei groen.

Ond, a yw'n llai?

Os yw,
Ar y Saeson y mae'r bai am eu bod
Yn mynnu cymudo rhwng Cilcain a Lerpwl.

Hwynt-hwy sy'n dwyn llond llygad o'r mynydd
Bob dydd,
Ddydd ar ôl dydd ar y daith
I'w dinas,
Ac yna'i golli'n llwch hiraethus
Rhwng celfi swyddfa, ysgol ac ysbyty
Cyn i lanhawyr yr hwyr ddod
I'w sgubo i'r biniau sbwriel.

Dyna ble mae Moel Famau'n mynd.

J. Eirian Davies

LIMRIG YN CYNNWYS ENW MYNYDD

Un flewog ofnadwy oedd Anna,
blew llwydaidd a hir, fatha lama.
   'Ti'n flew drostat i gyd?'
   holais i yn ddi-hid.
'Duw, na,' meddai hi, 'dwi'n Foel Fama.'

Geraint Løvgreen

STORM YR ARGYHOEDDIAD

Y nefoedd uwch fy mhen
    A dduodd fel y nos,
Heb haul na lleuad wen
    Nac unrhyw seren dlos,
A llym Gyfiawnder oddi fry
Yn saethu mellt o'r cwmwl du.

Cydwybod euog oedd
    Yn rhuo dan fy mron –
Mi gofia'i chwerw floedd
    Tra ar y ddaear hon –
Ac yn fy ing ymdrechais ffoi,
Heb wybod am un lle i droi.

Mi drois at ddrws y Ddeddf
    Gan ddisgwyl cael rhyddhad;
Gofynnais iddi'n lleddf
    Roi imi esmwythâd.
'Ffo am dy einioes,' ebe hi,
'At Fab y Dyn i Galfari.'

Gan ffoi, ymdrechais ffoi
    Yn sŵn taranau ffroch,
Tra'r mellt yn chwyrn gyffroi
    O'm hôl fel byddin goch;
Cyrhaeddais ben Calfaria fryn,
Ac yno gwelais Iesu gwyn.

Er nad yw 'ngnawd ond gwellt
    A'm hesgyrn ddim ond clai,
Mi ganaf yn y mellt,
    Maddeuodd Duw fy mai.
Mae Craig yr Oesoedd dan fy nhraed
A'r mellt yn diffodd yn y gwaed.

William Jones (Ehedydd Iâl)

58

CROESO I 'STEDDFOD WRECSAM 1977

Rhydd ein bro groeso grasol
I chwi sydd yma'n ei chôl;
Cewch nesáu o'r parthau pell
Yn bybyr tua'r babell,
A chael oll mewn uchel hwyl
Brofi o flas y Brifwyl.

Daw'r miloedd i dir Maelor
Heddiw'n hapus gampus gôr,
O fro'r mawn a threfi'r mwg,
Wŷr Gwynedd a Morgannwg,
Campwyr dyfais, llais a llên,
Lluoedd o Gymry llawen.

Y mae ynghlo yma yng Nghlwyd
Haen fyw nas darganfuwyd,
Iasau prin o Oes y Pres
A hen haenau o hanes,
Chwedlau fyrdd hen ffyrdd y Ffin
A hen eiriau y werin.

Gylch y dref mae pentrefi
Hael eu braint, uchel eu bri,
Pob pentre'n gartre i gôr,
Pawb â'i gwrdd, pawb â'i gerddor;
A daw talent pob pentref
Ar ei dro'n waddol i'r dref.

I'r dref hoff ger Clawdd Offa
Sy'n mawrhau y doniau da
Daeth ein prifwyl annwyl hon
A'i selog urddasolion
A gafael mewn bro gyfan,
Llenwi'i chôl â llên a chân.

Wrth ei bodd fe glywodd gwlad
Gyhoeddi ein gwahoddiad
A daw'r myrdd dros dir a môr
I ymweled â Maelor,
A chael yn ei harddwch hi
Dalent i'w hysbrydoli.

Gwilym R. Tilsley

EIRA YN WRECSAM

Ddoe,
   roedd eira'n drwch dros y dre,
erwau o eira'n rhynnu
ar doeau a simneiau'r tai,
rhaeadrau o eira'n rhewi
ar waliau a ffenestri'r stryd,
ffrydiau o eira'n llifo
ar wydr a choncrid a maen.
Ddoe,
   roedd eira'n drwch dros y dre.

Fel heniaith gyfarwydd o'r henwlad uchel,
daeth atom am dro i'r dre,
nid fesul cytsain o ffluwchyn ar ambell Sadwrn serchus,
na phluen o ymadrodd ar ddiwrnod marchnad,
ond daeth,
   yn llwyth gloyw o eiriau ariannaidd,
   yn dunnell danlli o gystrawennau gwyn.

Daeth,
   a goresgyn yn gywrain,
   am ddiwrnod o leiaf,
fratiaith friw y dre.

Ddoe,
   roedd eira'n drwch dros y dre,
fel cryndod o Gymreictod
o'r mynydd-dir gwydn,
fel llif o wynder o'r Bwlchgwyn a'r Gwynfryn,
cyn i ddadmer heddiw
ei ddieithrio i gilfachau'r bryniau,
lle swatia'n styfnig
uwchben y dref drist.

Bryan Martin Davies

CYMDEITHAS Y FELIN, COEDPOETH, YN 80 OED

Dal i fagu mae y Felin
Yma'n ddyfal yng Nghoedpoeth
Wedi pedwar ugain mlynedd
Dan arweiniad pobl ddoeth.
Ac mae'r rhod fu gynt yn rhygnu
Eto'n troi o fewn y fro
Ac yn malu, wrthi'n malu:
Na foed fyth ei holaf dro.

Nid oes yma feini segur
Yn y felin ger y ffin,
Rhwng y Wenfro a Chlywedog
Yma ceir rhyw ryfedd rin;
Nid yw amser yma'n malu,
Nid oes syrthni yn y tir,
Hon yw gobaith ein diwylliant:
Dalied iddi falu'n hir.

Alun Davies

'TEGLA'

O lawn galon y gwelaist – dylodi
    Dy wlad, a thosturiaist;
    Yna, mewn llên ac mewn llais,
    Dy rin i dlawd a rennaist.

Gwae a rennaist i groeniach, – a chysur
    Iachusol i afiach,
    Her y Beibl i lwfr boblach,
    Gair y Duw Byw i rai bach.

I blant bach ac i'r Achos – y rhoddaist
    D'oreuddawn, gan aros
    I rannu â'r werinos
    Lond gwlad o fwynhad fin nos.

Nos dawel dawnsiai dewin – aflonydd
    Ar flaen dy ysgrifbin,
    Dôi'r Tylwyth Teg i gegin
    Lwydwedd drwy dy ryfedd rin.

Rhin y proffwyd a'i nwydau – a dynnodd
    D'enaid i ofidiau;
    Ni ŵyr gŵr orchfygu'r gau
    Ond â phenyd a phoenau.

Trwy boenau i'n trybini – y daethost,
    A'th air doeth i'n sobri;
    I'n beiau mân tân wyt ti,
    A llais gan lid yn llosgi.

Llosgaist hyd ddyddiau llesgedd – i ddeifio
    Ac i ddifa'n llygredd,
    Herio ein holl anwiredd,
    A dadlau dros hawliau hedd.

Dwyn hedd a chymod i'n hoes, – a dwyn barn
    Ar ragfarn a drygfoes,
    Troi hynt dyn, trwy nwyd d'einioes,
    At Grist, a haeddiant ei Groes.

Trwy y Groes a'r trugarhau – y gwelaist
   Galon y sylweddau;
Y Gair sy'n fwy na'n geiriau:
Heb ymffrost aethost i'w hau.

Hau y Gair mewn byd o'i go', – hau y Gair
   I'n gwerin ddihidio,
Hau'n ffyddiog ar greigiog ro,
Hau ganwaith heb egino.

Egin a dardd; tardd er i ti – hau'r had
   Yn y drain a'r drysi,
Bydd ffrwyth ir o'i dreindir hi,
Oes galed, er nas gweli.

Ni welaist ti argoelion – yn dy oes
   Yn dâl am d'orchwylion;
O drin had ar y waun hon
Y daeth golud i'th galon.

Gwilym R. Tilsley

64

OERI

Pan gaewyd gwaith dur Brymbo
bu farw rhyw ddarn o 'ngho;
i'r fro hon erioed bu'r gwaith
yn galon a chynhaliaeth;
ei ddwndwr pell gyda'r nos,
ei oleuadau marwydos,
a fu'n gefndir digwestiwn
i'n byd yn y pentre hwn.
A 'nawr, o weld eu colli,
mae'r dur yn ein henaid ni;
nid o achos anfadwaith
cyfalaf yn dwyn y gwaith
ond am fod anadl gyson
gysurus yr ardal hon
a'r fflam a oleuai'r fro
yn awr yn ddim ond atgo'.
Pan oerodd ei ffwrneisi
caledodd fy nghalon i,
a minnau'n ddyn llai cyfan
er pan ddiffoddwyd y tân.

Grahame Davies

65

SBWRIEL

(Ar gyfnod yn Wrecsam cafwyd biniau sbwriel a siaradai yn ddwyieithog)

'Ar ran y Cyngor, diolch i chi am gadw
ein bwrdeisdref yn daclus.'
Golwg arswydus ar wynebau'r dorf,
Ia . . . Cymraeg.
Sori, dyna fi 'di deud y gair,
'Cym-raeg'.

Cymraeg yn dod o geg
y bin sy'n siarad
wrth Smiths,
a llond ceg o'r heniaith
ganddo'n stôr barod i'r siopwyr.

Ia, *love*, Cymraeg.
Iaith Wrecsam unwaith.
Iaith
Penybryn, Brynffynnon,
Pentrefelin, Felin Puleston,
Croes Eneurys, Croes Newydd,
Rhosddu
a'r Rhos nesa atom ni,
nes ei gwasgu
fel llygredd y bin
yn Rhosnesni.
Iaith Rhydfudr, iaith y Gwenfro,
Cae Eithin, Maes y Dre, Clwyd Wen,
Coed y Glyn, Bryn y Grog a'r Wern.

Dy iaith di a minnau,
iaith ein gwlad ni,
'y darn o dir sy'n dyst
ein bod wedi mynnu byw.'

'*You what? He's proper Welsh ain't he?*'
'*Who?*'
'*The bleedin' bin.*'

66

Yr heniaith
yn llafar o grombil a chrensian
y bin sy'n siarad.

Ac wedi syndod y clywed,
y dorf,
yn ei gau o'r meddwl
fel taflu can o Coke
i berfeddion y bin
estron.

Taflu'n hetifeddiaeth
a phawb yn fud,
ond y bin sy'n mynnu ateb yn ôl,
'Diolch i chi am gadw'r lle yn lân.'

Aled Lewis Evans

AGRO

Wrexham agro,
gorthrwm,
trwm iawn, *very heavy*
our boots, our byd.

gorthrwm yn magu gorthrwm;
gwadnau lleder cenedlaethau
o ddiaconiaid a landlordiaid
yn magu'r genhedlaeth hon
o wadnau trymion y traed ifainc;
gwadnau gonest sy'n mynnu gwaed.

eich palmentydd concrid chi
yw cynfas ein cynddaredd ni,

smotiau gwaed
o groglith
gwareiddiad.

Siôn Eirian

YR ARCHFARCHNAD

(Wrecsam)

Noswyl Nadolig,
O bellter, ei goleuadau
Fel sêr yn pefrio,
   A'u llewyrch crynedig yn denu.

O bellter, lleisiau:
'Rhanna wledd yr henwyl hon,
Rho i'r gwael, rho o'r galon.'

Syllaf, heb ganfod gorwel,
Mae 'Byddin yr Ŵyl' ar daith,
   Breichiau'n croesi,
Penelin yn trywanu bron,
Llygaid gwancus,
A dwylo'n crafangu
Gan ddiosg y silffoedd
   A'u gadael yn welw oer,
   A'r berfau gorlawn
   Megis tanciau yn gwrthdaro.

Ymchwydda'r gân
Yn gymysg â blîp y tiliau;
   'Dyro'n hael, dyro'n helaeth
   Orau dy fwrdd i'r di-faeth.'

Drannoeth y dathlu,
   Saif y biniau
   Yn feichiog o sborion y drin.

Olwen Canter

GÊM BÊL-DROED

(Wrecsam)

Fel gwaed mewn gwythiennau,
llifa'r dylif denim yn y strydoedd unffurf,
yng nghorpesylau gwyn a choch
y sgarffiau clwm a'r hetiau gwlân
i galon y dref.

Mewn hylif brwd,
arllwysant,
o'r Cefn ac Acre-fair,
o Ben-y-cae a'r Rhos,
o Frymbo a Brychtyn a Llay
i ysgyfaint y Cae Ras.

Yma, ar nos Fercher ddiferched,
mae gwaed ac anadl y parthau hyn
yn curo ac yn crynu,
yng ngrym dwyawr y corff torfol,
ac egni'r unllais croch
yn gyrru'r bêl, fel ystyr,
i rwyd y deall.

Ac wedi'r gêm,
y troi i'r nos;
fel gwaed mewn gwythiennau,
llifa'r dylif denim yn y strydoedd unffurf,
o galon y dref,
o ysgyfaint y Cae Ras,
i bellafion y fro.

Ac wedi nerth y perthyn,
Wrecsam Rule, O.K.?

Bryan Martin Davies

70

PARK AVENUE, WRECSAM

Cydgerddwn â'r hydref
y diwrnod hwnnw
a gwynt y tymor
yn cochi'r coed
a chodi'r llwch
y tu allan i'r tai;

ar hyd fy stryd
cerddai'r gwragedd a'r cŵn
gan oedi rhwng y coed crin
a theimlo gwallgofrwydd y
gwareiddiad trefol yn
tawelu a diflannu
wrth basio ein tŷ ni;

heibio'r muriau a'm cysgododd
lawr heibio'r poerad o barc
at y siopau a'r tir
y cerddais, rhedais, reidiais
drosto nes ei lyfnhau
yn berffaith berffaith;

dyma fy stryd
dyma lle tyfais
yn un â'm cynefin.
Yma
    fy magu, fy meddwi
    fy mygu, fy malu
    fy nghuro, fy ngharu
    fy rhythu, fy rhegi

Tyfais yma.

Gwelaf ŵr â mwstash –
one of the lads
edrychai fel un o'r criw
ac fe'i dychmygwn yn chwarae i Wrecsam
a rhif 10 ar ei gefn,

yr awel yn cyrlio ei byrm beldroedaidd
a'r gôl o'i flaen . . .
wedi sgorio pram a bychan chwe mis oed
a chymar yn un o ferched The Mount
yn parhau'n driw i fagwraeth y jîns tyn a'r stiletos;

cofiaf y parc
ac ef yno, ynghanol y llwch
ar ei BSA Javelin
a minnau'n nerfus bwyso a'm beic merch
ar y wal nesa i'r giât.

Tyfais yma
cerais ac fe'm carwyd yma

ac fe'm harweiniwyd
tua pen fy stryd at y groesffordd
i gofio bod rhaid dewis y ffordd orau
oddi yma.

Alun Llwyd

WREXHAM

Yng ngwasgfa
culni dy strydoedd llawn cysgodion
mae surni swrth
gaeaf arall
yn dal i fwmial cenfigen
at afiaith gwyrddni'r gwanwyn hwn
o gorneli brown-tywyll y bragdai.

Ymlaen yr â dynion
dan bwysau
y briciau coch sy'n gosod ffiniau byw,
ymlaen yr ânt
a chân y dorf
yn atseinio'n orfoledd
yng ngwagedd eu hatgofion,
ymlaen
fel pentwr o ddail di-liw dechrau Ionawr
dan ddirmyg chwa o Fai;
cenhadon llwydni –
mae'r gwynt yn cellwair â hwy,
eu sgubo i'w cwteri sychion
i'w gwasgu'n gymysgedd di-sudd
fel cardbord gwlyb
dan faich y gawod nesaf.

Ac ymlaen yr af innau
o gysgod, i feddwdod yr heulwen
i wylio fy mreuddwydion yn dianc
fel ewyn
ar y gwynt.

Elin ap Hywel

73

MAWL I FRO MAELOR

Maelor, pa obaith fory?
Arnat cau mae dyddiau du.

Yn ein tir mae gwanwyn teg
Yn glasu yn Eglwyseg.

Byd o'i go' sy'n strempio stryd
A baw yn llygru bywyd.

Clywch, a'i mawlgan uwch anfoes,
Gôr y wig ger Glyn y Groes.

I'r iaith pa hynt, rhuthrwynt rhydd
Sy'n 'mosod dros ei meysydd?

Heddiw'n braf cynaeafwyd
Egin llawn o Forgan Llwyd.

Dafydd Franklin Jones

YSGOL MORGAN LLWYD YN 21 OED

Aros y bu'r gororau
Yn hir, nes bron â gwanhau,
Aros am ysgol waraidd,
Un gref a Chymreig ei gwraidd,
Ysgol uwchraddol ei thras
I 'mroddol Gymry addas.

Bu hiraeth cenedlaethau
Am wir ddysg i ymryddhau
O sen byw fel Saeson bach,
Am ryw acen Gymreiciach,
Hiraeth am addysg gwerin
Fywiog a rhywiog ei rhin.

Wedi'r gobaith maith mae hon
Er mawr her yma'r awron
Yn rhoi rhwng y muriau hyn
Addysg ers llawer blwyddyn
A'i hegni'n argoeli'n gain
Ragor nag un-ar-hugain.

Ysgol ragorol ei gwaith
Yn rhannu geiriau'r heniaith,
O ddydd i ddydd fe rydd hi
Gywirsail yn ei gwersi,
A syfrdan ei dylanwad
Ar lu o bentrefi'r wlad.

Breuddwyd Morgan Llwyd yw'r lle
A'i fwriad er yn fore,
A cheir o'i gweithgarwch hi
Ddinasyddion i swyddi,
Gan droi plant digon gwantan
Yn wŷr glew a Chymry glân.

Dalied pob llwydd i'w dilyn
Wrth hau yn y parthau hyn
Hadau lles y bywyd llawn,
Gwir addysg a goreuddawn;
Ac i'r doeth fu'n agor dôr
Mawr y mawl ym Mro Maelor.

Gwilym R. Tilsley

GWAWR

(Ysgol Morgan Llwyd yn symud i safle newydd, Cartrefle 2000)

Mae'r amser wedi cyrraedd,
Ein croeso sydd yn fawr,
Ar agor mae y drysau
Ac yn ein cân mae gwawr,
Gwireddwyd ein dyfodol,
Ein breuddwyd sydd yn ffaith
A ffynnu wna ein hysgol
Ym mwrlwm dysg ac iaith.

Cytgan:
Dyma hi ein hysgol newydd,
Dyma'r hyder yn ein cân,
Mae'n rhaid dathlu ein dyfodol
Er mwyn ail-fegino'r tân.

Cydrannwn yma heno
Ein pleser a'n boddhad
O weld adeilad newydd
Yn llwyddo ar glyw gwlad,
Ysgol yn llawn o galon,
Ysgol yn llawn o gân,
Cyd-ddathlwn yn ein hafiaith,
Gwladgarwyr mawr a mân.

Ni wawriodd gwawr dynerach
Ar Ysgol Morgan Llwyd,
To ifanc ein hyfory
Sydd bellach yn ei rhwyd,
Gadewch i ninnau gofio
Ar ôl y sioe a'r sbri
Mai trysor ein gwareiddiad
Yw hon i chi a mi.

Karina Perry

GRESFFORDD 1934

Meddiannai sawl iaith
dwnelau'r pwll:
Powyseg y Rhos a'r Ponciau,
Sgowseg Caerhirfryn,
Gwenhwyseg crwydriaid o'r de,
Saesneg mwy cain y Rheolwyr
(pan fentrent, weithiau, dan yr wyneb).

Iaith y nefoedd,
iaith y Coach and Horses,
iaith cwmpeini, weithiau iaith ymrafael.

Ac yna llefarodd y tân,
fu'n disgwyl yn fud, anweledig,
wrth ei ryddhau o'r graig
'r ôl oes oesoedd yn gaeth.

Bu'n gwrtais gyhyd,
yn caniatáu i bob iaith ei llafar,
heb ddweud dim.

Ond yna,
fel yr hen feddwyn fu'n pendwmpian
y tu hwnt i sylw yng nghornel y dafarn,
deffrodd â rheg.

Gan dewi bob iaith,
ond distawrwydd treisgar arswyd
a'r wylo uniaith.

Siôn Aled

77

Y LAMP

(wedi tanchwa Gresffordd, Medi, 1934)

Fe ddeil y lamp ynghynn
Ar fwrdd y gegin lom,
A'i fflam fel gobaith gwyn
Drwy oriau'r hirnos drom.

Mae'r drws o led y pen,
Er oered gwynt y nos;
Pwy ŵyr na ddaw y llanc
Yn ôl cyn hir i'r Rhos?

'Mae'n gorwedd,' meddai rhai
'O dan y talcen glo,
A'r fflam yn fur o dân
O gylch ei wely o.'

Ond, yn y bwthyn llwyd
Mae un o hyd a fynn
Ddisgwyl ar drothwy'r drws,
A chadw'r lamp ynghynn.

I. D. Hooson

FFARWÉL HAF

(I gofio am I. D. Hooson)

Ffarwél, ffarwél, fy nhelynegol haf,
Mae hwiangerddi'r hydre'n suo'n braf.

Mwyn yw yr awr, a mwyn emynau'r Rhos,
A dawnsia rhiain hardd dan sêr y nos.

Yn iach, ti â'th dormentus lygaid gwyrdd
A'th fantell fraith yn fflam ar fin y ffyrdd.

Cenais fy maled fach yn ffair y byd,
Yn awr am Ffair â'i nos yn dyddio o hyd.

I'r 'stafell hon fe draidd rhyw lariaidd lef –
Hen westai'r corff sy'n tynnu tua thref.

Huno a wnaf cyn dyfod gaeaf gwyw,
Mi deimlaf eisoes hedd o ryfedd ryw.

Ffarwél, fy haf, mi glywaf garol glir
Y clych a gân tu draw i fôr a thir.

Gwilym R. Jones

79

Y RHOS

(Gydag ymddiheuriad i Hugh McDiarmid)

O! am fod ar y Ponciau
    Pan gano'r corn ryw ddydd
I weld y meirw'n sboncio
    Dros waliau'r Wern yn rhydd.

Gweld cewri wyneb duon
    Yn dod i'r lan fel cynt
A, dicin i, bydd lluoedd
    Yn rhegi dan eu gwynt.

Pob un yn pwyso'r Barnwr
    A'i glic o engyl gwyn:
'Myn uffern be sy arno'n
    Ein styrbio ni fel hyn?'

Y gwragedd ar eu hennill
    Yn rhuthro drwy y giât;
O! Arglwydd fe fydd gennyt
    Lond uffern ar dy blât.

                    Gwynne Williams

LIMRIGAU'R RHOS

Aeth hen ferch o'r Rhos lawr i'r Dre
Gan osgoi pwll i'r chwith, pwll i'r dde;
    Yn lwcus i Meri
    Roedd ganddi'r caneri
A masg nwy, pe dôi'r gwaetha, yntê?

B.N.

Aeth hen ferch o'r Rhos lawr i'r Dre
'Di gwisgo fel Cwîn of ddy Mê;
    Ro'dd hi'n chwilio am ddyn
    Ac mi gafodd hi un
A dŵad adre 'di gneid 'i rôl te.

R.G.

Aeth hen lanc o'r Rhos lawr i'r Dre
I glwb nos 'Y Corryn a'r We'
    Ffansiai ei tjans
    Am nos o romans –
Ond no we! Roedd y We yn lle Ge!

Gay

Aeth hen lanc o'r Rhos lawr i'r Dre
Ac i gaffi am baned o de;
    Mi gliciodd â'r wêtres
    A'i phriodi'n ddirodres –
A cha'l brecwest yng Nghwesty'r Wynnstay.

E.P.

Beirdd Nene

JIM BEAM

O'n i yn byw yn Rhos ac roedd hi'n byw yn Rhiwabon,
efo'n gilydd bron bob nos, o'n ni'n dau yn hen gariadon,
ar ôl gorffen gwaith am chwech yn ffatri Skol yn y dre,
a 'rôl i hithe ddod o'r ysgol 'ne, a gorffen ei the,
fydden ni'n dau yn mynd i'r pictiwrs neu i sipian shandis bach yn y Gate
cyn dal y bỳs deg adre a chael closio i fyny'n dynn ar y sêt.

Pan ddoth amser arholiade mi fu raid 'ddi weithio'n galed,
aros mewn bob nos yn 'studio i gael mynd i ffwrdd i'r coleg;
mi a'th hi 'rôl yr ha' am fywyd newydd Caerdydd
a 'ngadael i yn safio'r punnoedd tra oedd hi'n byw yn rhydd,
ond pan ddoth 'nôl i Riwabon cyn y Pasg oedd hi mewn uffern o stad,
'chos oedd 'ne fabi yn ei bolyn hi a wydde hi ddim pwy oedd y tad.

Erbyn hynny o'n i 'di casglu celc go dda
i dalu am ddoctor, ond mynnodd hi ddeud na.

Ac erbyn hyn mae hi a'r babi'n byw mewn bedsitter yn Poncie,
a dw inne'n byw a bod yn y Cross Foxes efo'r hogie,
o'n i'n methu maddau iddi am roi'i chariad mor rhad
a do'n i ddim yn gweld y'n hun yn llwyddo i actio y tad,
er bod 'na lwmp yn dod i 'ngwddw pan dwi'n gweld hi a'r peth bach
    ar ei glin,
ac felly heno mae fy nghysur i yn nofio yn y botel Jim Beam.

Geraint Løvgreen

NENE ENE

('Local Boy Makes Good' – Harri Webb)

Ni wydde neb be oedd i ddod
Pan anwyd Crist yn Gardden Road;
Roedd pob pwll glo 'di cau o'r bron,
A doedd dim lle'n y 'Coitj' na'r 'Swan'.

Daeth bigel draw bob cam o'r Pant
A thri dyn doeth ar fýs Tai'nant;
Yn siop Ned Jones roedd seren giwt
Ac engyl fyrdd ar stepie'r Stiwt.

Roedd hi fel dwrnod marchnad, câr,
Pan borthodd geinie ar y Sgwâr,
Ond mi ddoth welffer wyrcar ffôl
Syth bin o Dre i stopio'i ddôl.

Pan gerddodd o ar draws Llyn Ec
Mi gwynodd rhai, 'Be haru'r crec?
Os clown nhw am hyn lawr yn Dre
Chawn ni byth grant i wella'r lle.'

Pan sbowtiodd ar y Ponkey Bank
Mi ddwedodd un sosialydd swanc,
'Rhaid tewi hwn yn awr – O rhaid!
Mae'n ennill fôts i'r blydi Blaid.'

Pan grogwyd o ar Fynydd Rhos,
'Da bâs!' medd bois y Leader Nos;
Ond a'th hi dros ben llestri, câr,
Pan ddoth o'n ôl o'r Groes i'r Sgwâr.

Gwynne Williams

COLLI PWYSAU

Aeth dyn o'r Rhos un diwrnod
   i'r dref i brynu siwt.
I ddal y bws i Wrecsam
   prysurodd heibio'r Stiwt.

Y teiliwr a'i mesurodd
   o'i gorun lawr i'w draed
a rownd ei fola hefyd
   am frethyn gorau gaed.

Ac wedi hir bendroni
   (ni welwyd siâp o'r fath)
eb ef 'Hwn yw fy nyfarniad –
   mi gymrith bedair llath.'

'Myn uffe'n' meddai'r Rhosyn
   'rwyt ti yn ddyn jocôs,
fe gymrith ddwy waith hynny
   'nôl teiliwr sydd yn Rhos.'

Ebe'r teiliwr wrth ail-fesur
   ei siaced ef a'i glos,
'Yn Wrecsam nid wyt ond hanner
   y dyn wyt ti yn Rhos!'

Alun Davies

STRYT Y PLAS, RHOS

Roedd brigau'r coed yn deffro
A'r Stryt yn llawn o swyn,
Ac yn fy ngwanwyn yno
Gwnes lw â'r feinwen fwyn.

Roedd brigau'r coed yn ddeiliog
A'r llannerch oll yn las,
A minnau'n chwarae'n hwyliog
Â'n plant ar Stryt y Plas.

Mae brigau'r dail yn siglo,
a'u dail sy'n taenu'r llawr,
A minnau yn atgofio
Wrth droedio'r 'Stryt' yn awr.

Joe Bellis

PENUEL

Buost i mi, dro'n ôl, yn fawr.

Y tro cyntaf hwnnw es i mewn trwy'r drws cefn;
Ac wedi'r sgwrsio tawel, swil, daeth 'Wel, gyfeillion, mae'n bum
    munud i . . .'
Gweddi sydyn a chorws 'Pob bendith . . .'
Dringo'r grisiau cul i fewn i'th bresenoldeb ac arswydo rhagot.

Bellach, nid dieithr mohonot.

Cymeraist fi yn brentis.
Dysgais gennyt sut i ddathlu a galaru.
Dysgais gennyt i beidio rhuthro, ofer carlamu –
Nid ar frys y ceir y gorau.

Buost i mi, dro'n ôl, yn fawr.

Finnau nawr â goriad i'r drws ffrynt;
Nid swil a thawel mo sgwrs y festri.
Wedi'r weddi sydyn, 'Pob bendith i ti . . .'
Dringo'r grisiau heb wylio fy ngham,
A sylweddoli
Nad mawr mohonot.
Ond hynod fawr.

Owain Llŷr Evans

86

Y DDWY DDELW

(Yn y Capel Bychan, Rhosllannerchrugog)

I
Y Parch. J. Edryd Jones
(1876–1965)

Od
gweld gwedd
ei dirionwch
yn gadernid oer heno
ond ei enau mud
dystia inni mwy
am Un
cadarnach
    cryfach na'r efydd
agorodd
    ag aur ei gariad
y drws caead
        fel y caem
  i gyd
brofi o'r gwin
a'r bara hefyd
a droes Ef
o'r dŵr a'r sarff.

II
Dr Caradog Roberts
(1878–1935)

Ofer
rhoi berw ei wedd
mewn ifori oer
      a brons
a'i osod yn stond
        ar fur ei dŷ
canys
    daw
      yn ias

a dwndwr
y wefr
    a dyr
o groth
yr organ a garai ef
yn nydd y gerdd
        y gân
a eilw o ddyfnder marwolaeth
am Un
    â bwa'i gorff
ddenodd gainc anorffen
o grwth
    y groes.

Gwynne Williams

Y GWIN

Pe cawn fy hun yfory
  Yn llencyn deunaw oed,
Â'r daith yn ailymagor
  O flaen fy eiddgar droed,
Ni fynnwn gan y duwiau
  Yn gysur ar fy hynt
Ond gwin yr hen ffiolau
  A brofais ddyddiau gynt.

Trigo yng Nghymru annwyl
  Yn sŵn yr heniaith dlos:
Cae'r chwarae a'r Eisteddfod
  A gwyn Sabathau'r Rhos;
Gorchwyl, a nerth i'w ddilyn,
  A'r ddawn i'w wneud yn llwyr,
A chi, a llyfr a chyfaill
  Yn gwmni gyda'r hwyr.

Cael gwylio y tymhorau
  Ar hynt dros faes a ffridd,
A theimlo cyffro'r gwanwyn
  Yn cerdded trwy fy mhridd:
A'r cyffro arall hwnnw
  A deimlais ar fy rhawd,
Na ŵyr y pridd amdano,
  Yn datod rhwymau'r cnawd.

Ond ofer ydyw disgwyl
  Y dyddiau pell yn ôl,
A thorri mae'r ffiolau
  Yn nwylo'r prydydd ffôl:
A'i weddi yw am gymorth
  Pan ballo'r melys win,
I ddrachtio'r gwaddod chwerw
  Heb gryndod ar ei fin.

I. D. Hooson

HOLLYWOOD YN RHOSTYLLEN

(Rhoddwyd arwydd HOLLYWOOD dros dro ar hen
bonc lo Bersham, Rhostyllen)

'Maen nhw wedi ei dynnu o i lawr,'
a finna'n chwilio,
wedi llusgo Dad yn y car i lygadrythu
am arwydd Hollywood yn Rhostyllen.
"Dw i 'di clywed rhywun yn deud fod 'na arwydd
i fyny, fel yn L.A.;'
syllai fy nhad yn anghrediniol.

O dan y fath amgylchiadau gorffwyll
ebychodd yn nerfus:
'Yr unig le 'dwi'n gwybod amdano yn Rhostyllen
lle mae 'na fynydd ydi'r bonc lo wrth *Little Chef*.'

Am gyfnod byr
harddwyd
ponc segur y Bers
â breuddwydion seliwloid
gweledigaeth aml-liw
llythrennau hud – Hollywood.
Gwasgarwyd disglair freuddwydion
hyd hen domennydd slag segur.
'*They've taken it down, mate.*'
Fe gafodd rhai am ychydig
eu pymtheng munud o fri.

Cast ffŵl Ebrill oedd y cyfan
gan fois o'r Waun.
Cyhoeddwyd y byddai'n beryglus i yrwyr ceir
y ffordd osgoi,
a llusgwyd y llythrennau oddi yno.
Nid arhosodd breuddwydion ar y bryniau.

Ninnau ar y ffin yn ymbalfalu am ddyhead eto,
a breuddwyd yn deilchion yn siafftiau'n cyffredinedd clo.
Wedi ei anghofio fel gwib sydyn ar y ffordd osgoi.

Ond fe ddigwyddodd,
gan ein hysgwyd ninnau i ddal i geisio'r
Yellow Brick Road
sy'n llinyn aur y tu hwnt i'r ffordd osgoi.

Aled Lewis Evans

YNG NGWASANAETH CAROLAU'R YSGOL

(Eglwys Rhiwabon, Nadolig 1970)

(I Mrs Lottie Williams Parry)

Daethom
      yn anffyddlon,
a heb orfoledd ynom
i'r eglwys oer,
lle'r oedd paderau'n
          barugo ar drawstiau,
a phregethau'r Suliau sâl
          yn rhewi ar y waliau swrth.
Daethom yn aflawen
        i foli
mewn man
      lle clowyd ffrydiau'r mawl
mewn iâ.

Yn sydyn,
      disgleiriodd y gân
yn felyn fel haul,
y nodau'n llathru fel pelydrau
        o allor i gangell,
a'r cordiau'n chwyddo
        yn crynu,
        ac yn disgyn
fel gwres tynerwch meiriol
        ar heth y galon.
Llewyrchodd y lleisiau
        yn nhes y gerdd,
a thywynnodd y stori hen
yng ngolau'r carolau gwyn.

Ninnau,
      wedyn,
a droesom i'r nos,
wedi bod
      am ennyd
yn ffyddlon orfoleddu.

Bryan Martin Davies

Y CLAWDD

(Clawdd Offa)

Ynom mae y Clawdd a phob ymwybod,
y tir hwn a godwyd
rhyngom a'r gwastadedd blin;
y pridd pêr a'r cerrig Cymreig
sy'n ceulo'n gaer yng nghelloedd y cof,
ac sy'n crynu fel grym yng ngwthiadau'r gwaed.
Ar ei lechwedd ac ar ei geuedd
fe ddeilia'r deri a'r ynn
fel penderfyniadau gwyrdd
yn naear ein dihewyd,
a'r masarn hefyd
sy'n ymestyn ac yn lledu'n llawn
fel bloedd,
fel buddugoliaeth
yn llysoedd ein hewyllys brwd.
Tu draw i'r brig,
llathraidd yw cangau'r llwyfen
a dyf fel llafnau noeth
sy'n hawlio haul;
hwythau hefyd a ymdreiddiant
fel y gwna geiriau,
weithiau,
hyd at fêr.

Ynom mae y Clawdd a phob ymwybod,
y tir hwn a godwyd
rhyngom a'r gwastadedd blin.

Bryan Martin Davies

CLAWDD OFFA

Nid wal sy'n rhannu dwywlad, – na dwrn dur
  Rhyw hen deyrn anynad,
  Nid rhith o glawdd trothwy gwlad,
  Nid tyweirch ond dyhead.

Dic Jones

CLAWDD OFFA

Ymhell bell yn ôl fel mae'r hanes yn sôn,
Yng nghyfnod yr arthod a'r blaidd,
Fe drigai yn Lloegr rhyw Seisyn bach blin
Sef Algernon Ponsonby Smythe.
Roedd pawb yn anghofio ei enw o hyd
Er iddo fo drio'u hatgoffa,
Ac felly'n lle Algie neu Ponsie neu Smythe
Roedd pawb yn ei alw fo'n Offa.

Doedd Offa'm yn hoff o fawr iawn o neb,
Yn arbennig felly'r Cymry
Oedd yn heidio i Loegr i brynu tai ha'
Ac i agor siopa têc-awê llymru.
Un diwrnod wrth deithio'n ei limosîn crand
Mi waeddodd Off 'Stop!' ar y choffa;
Roedd o wedi cael syniad – un gwreiddiol a gwych,
Roedd o am adeiladu Clawdd Offa.

'Mi anfona' i'r holl Daffis i Gymru yn ôl
A chadw'r hen Loegr i'r Saeson,
Mi goda' i'n fersiwn i o'r *Berlin Wall*'
(Wrth lwc roedd o'n dipyn o Feson).
Ac ar ôl cael ei syniad, orffwysodd o ddim,
Orweddodd o 'run awr ar ei soffa,
Mi brynodd y mortar, mi brynodd y brics
Mi cafodd nhw ar 'sbesial offa!'

Ac *off* â fo wedyn i godi'r wal,
Ond doedd ganddo fo'm digon o frics.
A phan safodd yn ôl i edmygu ei gampwaith
Fe deimlodd yn dipyn o bric,
'Chos 'mond un rhes o frics oedd rhwng gogledd a de;
Mi luchiodd o bridd dros y lot,
Ac wedyn mi bwdodd ac ymaith â fo
I'r Lake District i hwylio ei iot.

Geraint Løvgreen

95

Y DREF WEN

(Dyfyniad)

Y dref wen ym mron y coed,
Sef yw ei harfer erioed –
Ar wyneb ei gwellt y gwaed.

Y dref wen yn ei goror –
Llwyd feddau yw ei harfer,
Gwaed o dan draed y gwŷr.

Diweddariad Gwyn Thomas

MAES CROGEN

Y frwydyr aeth trosodd o'r diwedd,
    A baeddwyd y gelyn yn llwyr:
A'r sêr, edrychasant ar Wynedd,
    A'r bore, dilynodd yr hwyr.
Roedd yno ieuenctid yn gorwedd,
    Am sefyll tros Wynedd yn bur –
Yn fore daeth mamau a gwragedd,
    I chwilio am feibion a gwŷr.

Fe ganai mwyalchen er hynny,
    Mewn derwen ar lannerch y gad:
A'r coedydd a'r gwrychoedd yn lledu
    Eu breichiau tros filwyr ein gwlad.
Gorweddai gŵr ieuanc yn welw,
    Fe drengodd bachgennyn gerllaw:
A'i dad wrth ei ochor yn farw,
    A'i gleddyf yn fyw yn ei law!

Gan frodyr, chwiorydd, a mamau,
    Fe gasglwyd y meirwon ynghyd:
Agorwyd y ffos ac fe'i caewyd,
    Ond canai'r fwyalchen o hyd.
Bu brwydyr Maes Crogen yn chwerw,
    Gwyn fyd yr aderyn nas gŵyr
Am alar y byw am y meirw,
    Y bore ddilynodd yr hwyr!

Ceiriog

(Dywedir fod hen Gastell Crogen lle y mae Castell y Waun heddiw. Yn rhywle tuag yno, yn 1164, bu brwydr chwerw rhwng y Cymry, tan Owain Gwynedd, a'r Saeson, tan Harri'r Ail. Am unwaith, unodd y Tywysogion Cymreig â'i gilydd. Gorfu i'r Saeson ffoi yn eu holau i Loegr, rhag yr 'hin afrywiog', medd eu haneswyr. Ar ôl y frwydr hon y canodd Owain Cyfeiliog awdl yr 'Hirlas'.)

SYR ROBERT JONES

(Y Meddyg Esgyrn)

I ddewrwaith, mor ddiwyro – Syr Robert;
    Sai'r aberth i'w gofio;
    O un cwm ni ddaeth Cymro
    Addfwynach, geinach nag o.

Gweinydd a meddyg enwog – yn ysgar
    Poen o esgyrn drylliog;
    Dyn gwlad, a'i gariad yn glog
    I'n lliaws analluog.

Dôi â gwawl i dŷ gwaeledd – a siriol
    Gysurai blant llesgedd;
    O'i gymorth, wrth borth y bedd,
    Dôi myg olud ymgeledd.

Ein gwlad 'fwria glodforedd – i'w enw
    Annwyl yn ddiddiwedd;
    Gwelir plant yr ymgeledd
    Eto'n fyw, yntau'n ei fedd.

Y cawr a fu'n concwerio – y du boen
    Sy ar waelod bedd heno;
    Uwch hun ei lwch annwyl o
    Deled y byd i wylo.

William Griffiths

DYFFRYN CEIRIOG

Mae fy ngham yn nwyfus heno,
   Mae fy mron yn dân;
Mae y dail yn suo, suo
   Rhyw fendigaid gân.

Draw mae'r bryniau yn breuddwydio
   Uwch y dawel dud,
A miraglau'r machlud heno
   Dan rhyw newydd hud.

Llesmair pell y dyfroedd hyfryd
   Yrr bob byw i'w oed;
Chwyth yr awel ei dihewyd
   Dwfn trwy frigau'r coed.

Tyred, fy anwylyd, tyred,
   Rhodiwn allt a bryn;
Brysiwn, oni theimli ddyfned
   Angerdd nwyd y Glyn?

Mae fy ngham yn nwyfus heno,
   'Gwyn fy myd' yw 'nghân,
Swyn tragwyddol Dyffryn Ceiriog
   Roes fy mron ar dân.

W. Roger Hughes

GWAHODDIAD I EISTEDDFOD POWYS 1998
I DDYFFRYN CEIRIOG

Rhown groeso ichwi fawr a mân
I Ddyffryn Ceiriog gyda'n cân,
Dowch i'r eisteddfod, dowch yn llu
I chwifio baner Cymru gu.

Hon ydyw bro Cynddelw'r bardd,
Ei bore gwyn yn hyfryd hardd,
Côr-ganu'r gwenyn yn y llwyn
A cheiliog rhedyn ar y twyn.

Bro Nant y Mynydd ydyw hon,
Y grug a'r adar mân o'r bron:
Bro Alun Mabon, clywch y gog
Ar ddydd o wanwyn uwch y Glog.

Bro awdur 'Lleifior', dyma hi,
A sŵn *Tabyrddau* yn ei lli,
Marwydos yn ein *Cymru Fydd*,
Cyn Oeri'r Gwaed, rhaid gweithio'n rhydd.

Bro'r *Mochyn Gwydr* ydyw hon
A grewyd gan ein Irma lon,
Rhwng Cwsg ac Effro 'r gorau gaed,
Y Llong ar fôr a'r *Cwlwm Gwaed*.

Bro'r ffin yw hon a rhaid i ni
Ymdrechu beunydd drosti hi,
Mae'n hiaith a'n llên o hyd yn fyw,
A mynnwn weithwyr wrth y llyw.

Penllanw naw deg wyth yn wir
Yw 'Steddfod Powys yn ein tir;
Dowch atom ni yn fawr a mân,
O croeso, croeso yw ein cân.

Sydney Davies

CARREG

(Llanarmon Dyffryn Ceiriog)

Yn oedran diniweidrwydd
Awn ar ras at hon yn rhwydd
Ym min nos i gael mwynhau
Y garreg-taflu-geiriau.

Mae hon ar gwr y mynydd
Uwch y garn mewn llannerch gudd
Yn gorwedd heb seguryd
Ac ateb, ateb o hyd.

Fe wrendy fel tylluan
O'i rhych wyllt ar air a chân,
Fel tae calon chwedloniaeth
Heb ffrwyn yn ei hateb ffraeth.

Hi hawliai'r haf fel o raid
Yn hwyl am ben bugeiliaid,
Gwnâi 'smoneth ar ddydd dethol:
Galw Nan! 'Nan!' meddai'n ôl,
A'i harwain hi yr hen ast
I honno wneuthur llanast.

Er hyn i gyd bu i'r hen gwm
Ei hanwylo ers talwm.
Gwyddem mai iaith y gweiddi
Fyddai iaith ei hafiaith hi.
Yn gabol hon sy'n gwybod
Tafodiaith pob iaith sy'n bod.
Yn ŵr hen, os ati'r af,
Eilia fy ngalwad olaf.

Henri Hughes

CYFRANNU

(Ym Mai eleni caewyd capel Tregeiriog, Dyffryn Ceiriog. Fe'i caewyd, ynghyd â'r capeli bychain eraill yn yr ardal, yn bennaf o ganlyniad i faterion ariannol. Er tristáu o adael hen adeilad, edrychai'r fro ymlaen at gael cydaddoli yng nghapel Llanarmon, a chael cynulleidfa gryfach o grynhoi ei thrigolion oll o dan un to.)

Gwelaf i, a mi'n ddim o oed,
  Oesoedd ac oesoedd o foli'r Iesu,
A dadeni hen, hyd yn oed,
  'Welaf i, a mi'n ddim o oed.
A gwnaf fy rhan, gwenaf erioed,
  Dygaf ryw ennyd i gyfrannu;
Gwelaf i, a mi'n ddim o oed,
  Oesoedd ac oesoedd o foli'r Iesu.

Fe'i gwelaf fel yr haf ei hun,
  Ei olau'n drwm a'i waliau'n drymach,
A'i olau'n hen a'i waliau'n hŷn,
  Fe'i gwelaf fel yr haf ei hun.
Ynddo yr oedd ddoe ar ddi-hun
  A'i olau'n boeth a'i waliau'n boethach,
Fe'i gwelaf fel yr haf ei hun,
  Y waliau'n drwm a'r golau'n drymach.

Yn niwedd Mai, yn ddim o oed,
  Nid yw cau drws ond cadw'r eisiau,
Fe'i gwelaf fel yr haf erioed
  Yn niwedd Mai yn ddim o oed;
Ac er gweld Hen pob hen, ac Oed
  Ei hun ym melyn llwm y waliau,
Yn niwedd Mai yn ddim o oed
  Nid yw cau drws ond cadw'r eisiau.

Eurig Salisbury

102

AROS A MYND

Aros mae'r mynyddoedd mawr,
   Rhuo trostynt mae y gwynt;
Clywir eto gyda'r wawr,
   Gân bugeiliaid megis cynt;
Eto tyf y llygad dydd,
   Ogylch traed y graig a'r bryn,
Ond, bugeiliaid newydd sydd
   Ar yr hen fynyddoedd hyn.

Ar arferion Cymru gynt,
   Newid ddaeth o rod i rod;
Mae cenhedlaeth wedi mynd,
   A chenhedlaeth wedi dod;
Wedi oes dymhestlog hir,
   Alun Mabon mwy nid yw,
Ond mae'r heniaith yn y tir,
   A'r awelon hen yn fyw.

Ceiriog

CREIGIAU'R EGLWYSEG

Asgwrn mewn asgwrn;
Ffosil mewn craig;
Embryo marw
Yng nghroth yr hen wraig.

Mewn caer uwch y Llan
Mae Brân, y gwalch;
Ffosil yw yntau'n
Ei nyth o galch.

O Abaty'r Groes
I'r esgyrn hyn
Daeth chwa, o gywyddau
Guto'r Glyn.

Stephen Jones

AFON DYFRDWY AR NAWN O HAF

Roedd yn haf ar yr afon,
yr haul yn braf ar yr afon.

Goleuni'n sgleinio
yn gynhaeaf ar yr afon
ym mhob sillaf o'r afon.

Treiddiai trwy eddi
mwyn i dôn y mân donnau
goel y golau
yn lendid diedfid i bob modfedd
ar dor y dŵr.

Cynnig mosaïg yn saig
mewn un man,
atreg o batrwm
yn gelf o gilfach.

Ond yn llif yn dylifo'n
lli ei brychi brych
ar sgwâr arall,
a'i groen yn ddirgryniad
lle bu haul â lliwiau ei baled
yn dal drwy'r dydd
i welya ei liwiau
i'w hir ganfod ar gynfas.

Smotyn coch wrth smotyn â'r cast
yn felyn ei folud.

Gwyn yn ymyl gwyrdd
yn ymuno yno'n harmoni.

Glas yn glwt
bach wrth glytiau o binc.

Ymylon cymalaidd
yn lluwchio'n llachar.

A'r rhain yn ymroi
i ddawns ar ddôl o ddŵr.

Yma a'i hynt fel Monet
yn graff ei law'n argrafflunio,
mae'r haul ym merw ei olau
yn rhwyfo'r afon,
nid o awydd y deall
ond i brofi bywyd y byd yn befr
yn oriel ein synhwyrau.

Euros Bowen

MARCHNAD LLANGOLLEN

Ymhell tu hwnt i'r bryniau
Sydd draw ar ffiniau'r wlad
Yr aeth fy annwyl gariad
Ar galan Mai i'r gad,
A chwith yw cofio'r diwrnod
Pan oedd ein dagrau'n lli:
Pam, Owen, gwnest ti 'ngadael?
Paham arhosais i?

Un brwnt oedd 'nhad i'n rhwystro
Rhag mynd i ffwrdd 'run pryd,
Brwnt hefyd oeddwn innau
I aros gartre'n glyd;
Mi awn yn llon i rywle,
Fy nghariad, gyda thi:
Pam, Owen, gwnest ti 'ngadael?
Paham arhosais i?

I'r farchnad yn Llangollen
Bob bore 'nawr yr af,
Ond sut i daro bargen
Sy'n boen i'm calon glaf;
Mae 'nhad yn gas bob diwrnod
A mam yn flin ei chri:
Pam, Owen, gwnest ti 'ngadael?
Paham arhosais i?

Traddodiadol

107

CASTELL DINAS BRÂN

Ail breuddwyd heddiw ydyw'r gwychder gynt,
Tincial y cawgiau aur a'r gleifiau dur;
Llonder nid erys onid chwerthin gwynt
A thwrf rhialtwch Dyfrdwy dan y mur;
Malltod a orffwys ar y tyrau hen,
Ar ambell ddeilen nychlyd gochliw'r gwin;
Ac ni ddaw marchog mwy i geisio gwên
Yr hon a'i gwnaeth yn arswyd yn y drin.
Ofer y chwiliaf heddiw hyd yr allt
Agen a gelodd draserch prydydd mwyn;
Ffoes bun lygatddu, a gado nos ei gwallt
Yn lledrith cyfrwys ar golfenni'r llwyn;
Eithr cyfyd lleuad i santeiddio'r hud
A lŷn fel hiraeth wrth y castell mud.

Dewi Emrys

CASTELL DINAS BRÂN

Englyn a thelyn a thant – a'r gwleddoedd
  Arglwyddawl ddarfuant;
Lle bu bonedd Gwynedd gant,
Adar nos a deyrnasant.

Taliesin o Eifion

AR LAN HEN AFON DDYFRDWY DDOFN

Wrth fynd o rysgol
ar brynhawnau oren o haf
mi fyddaf
weithiau,
yn diosg fy nillad yn sydyn
ac yn fy nhrowsus bach pêl-droed
yn dringo fel mwnci
i ben y wal
uwch ben y bont.

Oddi yno
gallaf weld y rysgol
ar y bryn tu ôl i'r coed
a chysgod tew y cangau'n
taflu cysgodion
fel barrau haearn
ar draws y ffenestri
lle roeddwn i'n garcharor
lai chwarter awr ynghynt.

Yno
yn ei chelloedd tywyll
mae'r prif o hyd
â'i agoriadau yn ei law
yn swagro i fyny ac i lawr
y coridorau gwag
ac yn poeni bod pob confict
wedi ffoi drwy'r drysau
i ryddid bywyd
a Joe Jehofa ar ei ben ei hun
yn bloeddio ar dop ei lais
mai cariad ydyw Duw.

O'm cwmpas
fel corachod swnllyd
mae bechgyn blwyddyn saith
a genethod blwyddyn wyth
yn gwthio drwy'r ymwelwyr haf
yn eu dillad crand

er mwyn cael rhythu arnaf i
yn well
ac yn ymestyn yn geg agored
dros ddiogelwch y wal
at y dŵr.

O dan fy nhraed
mae'r garreg yn oer a chras
ac yn cosi fy ngwadnau
wrth imi swagro yno
i osod fy hun yn barod.

Oddi tanaf
ymhell
mae'r Ddyfrdwy'n llefrith
ar y creigiau llwydlas
wrth iddi ruo
ar ei ffordd i'r môr.

Ond mi wn
am un man diogel
yn ei chanol –

tawelach nag aelwyd nain,
llyfnach na chwrw'r dre.

Trwy amrant y brwyn
heibio
i ddannedd barus y creigiau
a llwnc di-waelod y lli
syllaf i'w llygad llonydd
fel syllu i lygad merch.

O'm cefn
mae'r plant yn wrjio
a'r ymwelwyr llwfr yn dal eu gwynt –

neidiaf.

Gwynne Williams

111

PONT LLANGOLLEN

(Ymateb i ffotograffiaeth David Gepp)

Enwau gwyn ar garreg lwyd
ac ambell neges
daer
'*I really want this Baby*',
dan Bont Llangollen.

Ac wrth sefyll yno'n gegrwth,
clywaf fwrlwm y dref –
disgynyddion y crëwyr graffiti a fu yma'n mochel rhag cawod
cyn cychwyn
yn dalog ar drên i faes y gad.

Lathenni o'r union fan –
enwau du ar farmor gwyn.
Dim neges
gan yr hogia na ddaethant yn ôl
i loetran a lolian
ar Bont Llangollen.

Sera Meirion Jones

112

AR BONT LLANGOLLEN

Pwysaf ar dy bentan a'r byd ar fy ngwar,
mae gaeaf yn fy ngwaed
a'r angau'n sbecian dros fy ysgwydd:
tithau'n gadarn yn dy henaint.

Pwysaf ar dy gadernid oer,
y meini a wasgwyd yn graig yr oesoedd,
a'm cnawd yn llif y traed
a ffrydiodd drosot,
cyn freued â'r dyfroedd a ylch dy wadnau.

Ond pwy yw y rhai hyn
a ddeuant yn llu banerog
a dawns yr haul yn eu gwaed?

'Nyni a ddaethom o bellafoedd byd
yn ddoeth ar drywydd ein sêr
i gyhoeddi heddwch,
gan agor ein trysorau,
glendid eiraog Norwy,
lliw haul yr Eidal,
a blas y gwin o Ffrainc a Sbaen.

'Deuwn o gyrrau'r byd
i rwymo'r cenhedloedd yng nghadwyn ein cân:
ein llygad yn llawn goleuni,
chwerthin a dardd o ffynnon ein gwddf
i ireiddio'r flwyddyn ddiffaith,
a daw Cymru'n rhydd o'i thragywydd gŵyn,
ei llais yn awelog dan adenydd adar Rhiannon;
bydd bwrlwm ein parabl yn ddieithr,
ond yn salm i lawenydd y galon,
a thry iaith gysefin ein tafodau
yn arwrgerdd ysbryd,
a nodau ein cân yn symffoni cenhedloedd,
oni thawdd gelyniaeth yng nghrochan ein dawns
ar lawnt Llangollen
yng ngŵyl y pebyll,
a phont ein henfys yn rhychwantu byd.'

Ymlaen â'r ffair,
yn lliwiau chwyrlïog a chordiau cerdd,
yn ddawns ddiorffwys ar lawnt a llwyfan,
yn wên gyfryngol;
y dwylo'n hael eu hanwes,
wynion wieill yn gwau harddwch,
a'r croenddu yn y patrwm amryliw.

Brau yw harddwch:
ni phery ond ei gysgod ar gynfas
a'i lun mewn maen;
treulir y cnawd ar faenllifo amser
a'i adael yn garpiau yn yr haul
cyn dyfod nos,
pan dry'r pennau beilch sy'n fanerog yn y gwynt
yn benglogau gwag,
a'r ffenestri'n socedau tyllog,
ac ni ddaw cnwd o gwysi'r wyneb
pan dry'n llwch yng ngwres y ffwrn.

Ymlaen â'r ffair,
cyn dyfod diwedd byd,
cans tresbasodd ein Icarus beiddgar
gan ddwyn cyfrinach yr haul
a'i ddal yn ei ddwylo
i'w chwalu uwch dinasoedd y Dwyrain,
a'i deganu uwch Tawelfor,
a thân ei falchder yn llosgi'r cread yn ulw.

Ymlaen â'r ffair,
dawnsiwch a chenwch,
cans erys o'r cymun byr
berlau ar linyn y cof,
ei eco'n llenwi ogofau'r diffeithwch,
a'i oleuni'n sêr i'ch gorwel olaf,
ac ni ddaw gwyfyn i lygru rhwymyn eich tangnefedd.

R. Bryn Williams

114

CYSTADLEUYDD

(Ymysg y cystadleuwyr yn Eisteddfod Llangollen ym 1949 cafwyd côr
o Lübeck, Yr Almaen – yr ymweliad cyntaf ers y rhyfel. Roedden nhw
yn ofni yr ymateb a fyddai iddynt. Fe'u croesawyd gerbron y
gynulleidfa gan gyflwynydd yr Ŵyl, Hywel Roberts; fe laddwyd ei
frawd yntau yn yr Almaen ar ddiwrnod olaf y rhyfel.)

Beth fydden nhw'n ei feddwl ohonom ni?
Dyna oedd ein pryder
tu cefn i'r llwyfan yn y dref ddieithr hon,
gyda'r enw amhosibl,
a dim ond llen denau
rhyngom a chenedl a fu, ychydig flynyddoedd ynghynt,
yn elynion einioes i ninnau
– mintai mewn plethau melyn,
heb arfau ond ein cân.
Ninnau'n aros yn ein rhengoedd ufudd
fel dihirod yn disgwyl dedfryd,
gan wylio ef, y Cymro nerfus,
yn ymbalfalu am allwedd y geiriau
i ddatgloi degawd o ddig
yng nghalonnau'i gyd-wladwyr.

A'u cael:

'Gyfeillion, rhowch groeso
i'n ffrindiau o'r Almaen.'

Pan gododd y llen, prin y medrem weld ein gilydd,
y gynulleidfa a ninnau,
a dagrau cyn-elynion wedi golchi'n byd yn wyn.

Grahame Davies

CYSUR HENAINT

(I Ddafydd ab Ieuan, Abad Glyn Egwestl)

Mae'r henwyr? Ai meirw'r rheini?
Hynaf oll heno wyf i.
I minnau rhoed mwy no rhan
Anynadrwydd neu oedran.
Siaradus o ŵr ydwyf,
Sôn am hen ddynion ydd wyf,
Megys sôn Rhys yn yr haf
Bwtlwng, y mab huotlaf.
Ymofyn am bob dyn da
A bair ym y berw yma.
Blin yw, megis blaen awen,
Na thau pob annoeth a hen.
Blinach, oni bai lonydd,
Cadw y dall rhag hyd y dydd.

Tyngu a wna teulu'r tŷ
Mai galw a wnaf o'm gwely,
Galw'dd wyf arglwydd, a'i ofyn,
Yn fy swydd, fy naws yw hyn.
Galw sant ar bob gŵyl y sydd,
Galw ydd wyf Arglwydd Ddafydd.
Er cased gan rai cyson
Fy swydd, ni thawaf â sôn.
O gariad mawr a gwrid medd
Y galwaf ar f'ymgeledd.

Ei loyw win, a'i lawenydd
A bair y sôn a'r berw sydd.
Tadmaeth am faeth ym a fu
Yma 'rioed (Mair i'w adu!)

Mamaeth yn fy myw yma
Yw teml Dduw yn teimlo'i dda.
Af i'w seler, fau seilio,
Af trwy fwy i'w fwtri fo.
At Nudd Ddafydd yn ddyfal,
Af i'r nef i fro wen Iâl.

116

Y mae miloedd, mwy'i molwn,
Yn cael, abad hael, bwyd hwn.
Ys da Arglwydd ystorglych
A gostiai Lyn Egwestl wych.

Gweiniaid y tir a gynnal,
Tref a droes ef ar draws Iâl.
Gwe gerrig yw ei guras,
Gwydr a'r plwm yw godre'r plas.
Clera Môn, cael aur a medd,
Gynt a gawn, Gwent a Gwynedd;
Clera'n nes, cael aur a wnaf,
Yma'n Iâl, am na welaf.

Od wyf hen i dyfu haint
Ni chwynaf nych a henaint.
O gad Duw abad diball
A dau Siôn ym, nid oes wall.
Siôn Trefor, sant a rifwn,
Sêl ar ddwy Bowys yw hwn.
Siôn Edwart nis newidiaf
 dau o'r ieirll, i'w dai'r af.
Llys Dafydd, dedwydd yw'r daith,
Llwyd o Iâl, lle da eilwaith.
Fwyfwy, fal y brif afon,
Fo'i urddas ef a'r ddau Siôn.
Y tri phennaeth, trwy ffyniant,
A'r un y sydd i'w rhoi'n sant,
Yr un Duw, graddau'r iawn Dad,
Tri ac un trwy wiw gennad.

Guto'r Glyn

ADFAIL

(Plas Newydd, Glyndyfrdwy)

Dan fynydd y Berwyn mae adfail,
  Plas Newydd yw enw y lle,
Ac yno mae nef o dawelwch
  O ddwndwr a rhuthr y dre.

Bu unwaith yn gartref cysurus,
  Hen fwthyn bach diddos a chlyd,
Ei furiau yn drwchus a chadarn
  A'i aelwyd yn groeso i gyd.

Af yno, ar dro, yn freuddwydiol
  A chofio am deulu fy nain
Yn diwyd lafurio'n y tyddyn –
  Mor galed oedd bywyd y rhain.

Yn ôl fe ddaw oriau mhlentyndod
  A chofio min nos wrth y tân,
Yn gwrando ar sgwrsio a'r chwerthin,
  Cael ambell i stori a chân.

Ond bellach mae'r grât wedi rhydu,
  A'r drws heb na chlicied na chlo,
Asennau hen sgerbwd yw'r trawstiau
  Fu unwaith yn cynnal ei do.

Waeth heb geisio cau ei ffenestri
  Rhag oerni ac ubain y gwynt,
Nid oes yno obaith am gysgod
  Na lloches i neb ar ei hynt.

Fu neb yno'n byw ers blynyddoedd,
  Y gwacter sy'n eco dan droed,
Diferodd y glaw ar ei aelwyd,
  Ysigodd a phydrodd ei goed.

Ond os ar ei warthaf daeth henaint,
    Fe ddaliaf i ganu ei glod –
Plas Newydd, er gwaethaf ei enw,
    Yw'r adfail anwylaf sy'n bod.

Eirlys Hughes

YR ENETH GADD EI GWRTHOD

Ar lan hen afon Ddyfrdwy ddofn
  Eisteddai glân forwynig,
Gan ddistaw sisial wrthi'i hun,
  'Gadawyd fi yn unig;
Heb gâr na chyfaill yn y byd
  Na chartref chwaith fynd iddo,
Drws tŷ fy nhad sydd wedi'i gloi,
  Rwy'n wrthodedig heno.

Mae bys gwaradwydd ar fy ôl
  Yn nodi fy ngwendidau,
A llanw 'mywyd wedi 'i droi
  A'i gladdu dan y tonnau;
Ar allor chwant aberthwyd fi,
  Do, collais fy morwyndod,
A dyna'r achos pam yr wyf
  Fi heno wedi 'ngwrthod.

Ti frithyll bach sy'n chwarae'n llon
  Yn nyfroedd glân yr afon;
Mae gennyt ti gyfeillion fyrdd
  A noddfa rhag gelynion;
Cei fyw a marw dan y dŵr
  Heb neb i dy adnabod,
O! na chawn innau fel tydi
  Gael marw, a dyna ddarfod.

Ond hedeg mae fy meddwl prudd
  I fyd sydd eto i ddyfod,
A chofia dithau, fradwr tost,
  Rhaid iti fy nghyfarfod;
Ond meddwl am dy enw di
  A byw sydd imi'n ormod,
O! afon ddofn, derbynia fi,
  Caf wely ar dy waelod.'

Y bore trannoeth cafwyd hi
Yn nyfroedd oer yr afon,
A darn o bapur yn ei llaw
Ac arno'r ymadroddion –
'Gwnewch imi fedd mewn unig fan,
Na chodwch faen na chofnod,
I nodi'r fan lle gorwedd llwch
Yr eneth gadd ei gwrthod'.

John Jones (Llew o'r Wern)

CYWYDD CROESAWU EISTEDDFOD GENEDLAETHOL YR URDD I FRO GLYNDŴR 1992

Â'r drin yn rhy daer inni
a chno'n hofn yn drech na ni,
o'r tir hwn, o Gymru'r tranc
nid yw yn anodd dianc,
rhag penyd yr ennyd hon
ein rhyddhad yw'n breuddwydion.

Yn nhir ein breuddwydion ni
mae'r hil yn ymwroli,
ac Owain, Owain a'i wŷr
a welwn; mae sŵn milwyr
yn nesu drwy y noswynt,
cyn cilio eto i'w hynt.

Rhag gwasgfâu hwyrnosau'n hiaith,
oni welwn ni eilwaith
yn nharth ein dychmygion ni
y glew a'u harfau'n gloywi,
a'r meirch yn yr oriau mân,
a'n draig a'n Mab Darogan?

Er rhyddhad ein breuddwydion
trech o hyd yw'r ennyd hon.
Ni ddaw byddinoedd Owain
na'i arwyr ef, llwch yw'r rhain;
meirwon pob un ohonynt,
mân ronynnau'n gwau'n y gwynt!

O raid yr â'r dewr i'r drin:
a ni heddiw yw'r fyddin!
Nyni'r caneuon ieuanc,
nyni'r triw yng Nghymru'r tranc,
yn oriau'i hing, nyni'r hwyl,
ni'r her yn nhir ei harwyl.

I gaeau dawns ac awen,
fe dry'r llu, at lwyfan llên;
yno, i'r blaen, dewch, henwyr blin,
a chewch wyrth chwyldro'n chwerthin,
a throir Mai a pherthi'r mêl
â'n hafiaith yn wrthryfel!

Peredur Lynch

OWAIN GLYNDŴR

(Ar achlysur dadorchuddio cofeb iddo ar sgwâr Corwen)

Ar sgwâr Corwen eleni
Y mae mwy na maen i mi,
Ar hwn adeiladwn lys
Yma ar y graig rymus.

Daw'r plant i ailgodi'r plas,
Edeyrnion eto'n deyrnas,
Dyma ddaear fydd darian,
Enwau hil sydd ar wahân.

A daw Owain o'r diwedd
Yma'n ôl a'i dir mewn hedd,
O'i hirdaith gwêl y Ddyfrdwy
A chael mur na ddymchwel mwy.

Fe yf o ddŵr yr afon,
Fe yf faeth cynhysgaeth hon,
Hi yn un â'i wythiennau,
Hi yw'r iaith sydd yn dyfrhau.

Gwion Lynch

PERTHYN

Maen nhw'n dweud nad yw cenedl yn ddim ond gair
   A chymdeithas yn ddim ond chwedl,
Ac nad yw traddodiad ond talp o grair
   Sy'n atal cynnydd mewn carlam o fyd.
'Dydi cariad dyn at ei fro, medden nhw,
   Yn ddim ond gwendid, penwendid yn wir,
Na'i serch at iaith ei dadau, pw-pw!
   Ond gwagedd, gwagedd i gyd.

Oes dechnolegol yw hon, medden nhw,
   A'r gwyddonydd a'i piau hi;
Fe rwygodd yr atom, ac af ar fy llw
   Nad pell ydi'r dydd y bydd ef ar daith
Trwy wagleoedd di-fater cysodau cudd
   Sy tu hwnt i'r heuliau ar ffiniau Bod.
Ac ni fydd hynny ond toriad dydd –
   Un dydd technolegol maith.

Ac felly, am nad oes dim byd o werth
   Ond gyrru electronau rownd a rownd
I greu isotopau i gronni nerth
   I chwilio'r bydoedd ac i chwalu'r byd,
Bydd yr iaith 'rwy'n ei siarad cyn hir yn sarn
   A'r tir lle'r wy'n byw yn ddim ond tir,
A fi fy hunan yn ddim ond darn
   O freuddwyd na ddaeth yn wir.

Os dyna'r gwir ac os dyna'r ffaith,
   Rydw i'n methu deall paham
Na bawn i'n ddifater i'm bro a'm hiaith
   Ac yn gas gen i 'nhad a'm mam;
Rydw i'n methu gweld pam na fyddai'r byd
   I mi'n ddim ond lwmp o faen,
A'r wawr yn ddim ond cymylwe mud
   A'r machlud yn ddim ond staen.

Rydw i'n gyndyn, mi wn, ac mae'n rhaid 'mod i'n ddwl,
　　Ond mae gwaed yn fy ngherdded i,
Yr un gwaed ag a gerddodd fy nheidiau bwl,
　　Ac a wnaeth ein hiliogaeth ni.
Mae'n siŵr 'mod i'n methu, ond mi awn ar fy llw
　　'Mod i'n gweld, fel y gwelais erioed,
Y wyrth sy'n troi'r ddaear, yr hen, hen ddaear
　　Yn Gymru o dan fy nhroed.

Mae'r glaw'n diferu trwy goed y cwm
　　Ac mae'r afon yn llwyd ei lli,
Ac mae'r gwynt yn hen ar y ffriddoedd crwm,
　　Ac maent oll yn fy nabod i.
Maen nhw i gyd dan do, yr ardalwyr swil,
　　Ond er na wela'i ddim un
Mi wn eu meddyliau; yr un meddyliau
　　Sy'n fy meddwl i fy hun
Yn torri'r iaith, yr un hen iaith
　　Sy'n wewyr trwy'r un hen waed,
Wrth gerdded dros yr un hen ddaear
　　Sy'n gyffro o dan ein traed.

Ac yn y cyfanrwydd di-atom hwn,
　　Y tawelwch diferol gwyrdd,
Lle nad oes fyd ond y byd a wn
　　A hysbys, gynefin ffyrdd,
Rydw i gartre. Dyna'r unig ffordd o'i ddweud.
　　Rydw i'n perthyn i'r popeth di-ri'
Sy'n cydio amdana' i'n dynn, ac maen' hwythau
　　Yn symud a bod ynof fi.

Islwyn Ffowc Elis

126

CYDNABYDDIAETH

Hoffai'r golygyddion a'r Wasg gydnabod y ffynonellau isod:

Myrddin ap Dafydd: 'Cwrs yr Afon' (o'r cylchgrawn *Barddas*)

Elin ap Hywel: 'Wrexham', *Cyfaddawdu* (Eisteddfod Genedlaethol yr Urdd Bro Colwyn 1980)

Joe Bellis: 'Stryt y Plas, Rhos' (gan yr awdur)

Euros Bowen: 'Afon Ddyfrdwy ar Nawn o Haf', *Dathlu Bywyd* (Cyhoeddiadau Barddas)

Olwen Canter: 'Yr Archfarchnad' (gan yr awdur)

Alun Davies: 'Cymdeithas y Felin, Coedpoeth, yn 80 oed', 'Colli Pwysau' (gan yr awdur)

Bryan Martin Davies: 'Eira yn Wrecsam', 'Gêm Bêl-droed', *Lleoedd* (Cyhoeddiadau Barddas); 'Yng Ngwasanaeth Carolau'r Ysgol', 'Y Clawdd', *Cerddi Bryan Martin Davies* (Cyhoeddiadau Barddas)

Grahame Davies: 'Oeri', *Adennill Tir* (Cyhoeddiadau Barddas); 'Cystadleuydd' (gan yr awdur)

J. Eirian Davies: 'Cywydd Dathlu 21 Ysgol Maes Garmon', *Dathliad 40 Ysgol Maes Garmon*; 'Rhyfedd o Fyd', 'Aros a Mynd', *Cyfrol o Gerddi* (Gwasg Gee)

Mererid Puw Davies: 'Dur', *Darluniau* (Eisteddfod Genedlaethol yr Urdd Maldwyn 1988)

Sydney Davies: 'Gwahoddiad i Eisteddfod Powys 1998 i Ddyffryn Ceiriog' (gan yr awdur)

William Davies: 'Mae Courtaulds 'Di Cau', *Blodeugerdd y Glannau* (Cyhoeddiadau Barddas)

Siôn Eirian: 'Agro', *Plant Gadara* (Gwasg Gomer)

Islwyn Ffowc Elis: 'Perthyn' (o'r cylchgrawn *Golwg*)

Dewi Emrys: 'Castell Dinas Brân', *O Fôn i Fynwy* (Gwasg Prifysgol Cymru)

Aled Lewis Evans: 'Sbwriel', *Sglefffyrddio* (Cyhoeddiadau Barddas); 'Hollywood yn Rhostyllen', *Llanw'n Troi* (Cyhoeddiadau Barddas)

Einion Evans: 'Fflam', *Cerddi Einion Evans* (Gwasg Gomer); 'Ennis', 'Dyffryn Maes-Glas', 'Cymeriadau Daniel Owen', (dyfyniad), *Cerddi'r Ynys* (Gwasg Gomer)

Ennis Evans: 'Y Samariaid Drugarog', *Hel Dail Gwyrdd* (Gwasg Gomer)

Owain Llŷr Evans: 'Penuel' (gan yr awdur)

Guto'r Glyn: 'Cysur Henaint' The *Oxford Book of Welsh Verse* (Gwasg Prifysgol Rhydychen)

William Griffiths: 'Syr Robert Jones', *Llais o'r Dyffryn* (Hughes a'i Fab)

Robin Gwyndaf: 'I Gofio Gwennie' (gan yr awdur)
Desmond Healy: 'Gilmor Griffiths', *Blodeugerdd y Glannau* (Cyhoeddiadau Barddas)
I. D. Hooson: 'Y Lamp', 'Wil', *Cerddi a Baledi* (Gwasg Gee); 'Y Gwin', 'Yr Hen Lofa', *Y Gwin a Cherddi Eraill* (Gwasg Gee)
Eirlys Hughes: 'Adfail' (gan yr awdur)
Henri Hughes: 'Carreg', *Talwrn y Beirdd 5* (Gwasg Gwynedd)
John Ceiriog Hughes: 'Maes Crogen', 'Aros a Mynd', *Ceiriog* (Hughes a'i Fab)
Mathonwy Hughes: 'Dr Kate Roberts', *Cerddi'r Machlud* (Cyhoeddiadau Barddas); 'Lewis Valentine', 'Emrys ap Iwan', *Creifion* (Llyfrau'r Faner)
W. Roger Hughes: 'Dyffryn Ceiriog', *Cerddi'r Offeiriad* (Hughes a'i Fab)
Emyr Humphreys: 'Y Rhyl' (gan yr awdur)
Caryl Parry Jones: 'Cân y Slappers' (gan yr awdur)
Dafydd Franklin Jones: 'Mawl i Fro Maelor' (Talwrn Maelor ar gyfer Eisteddfod Genedlaethol yr Urdd Bro Maelor 1996)
D. Hughes Jones: 'Ffenestr Iesse', *O'r Haul a'r Heli* (Gwasg Gee)
Dic Jones: 'Clawdd Offa' (o gasgliad gan Wasg Gomer)
Eifion Lloyd Jones: 'Ofn . . .' (gan yr awdur)
Elwyn Wilson Jones: 'Marwnad i'r Parlwr Du', 'Moliant i Gôr Rhuthun' (gan yr awdur)
Gwilym R. Jones: 'Dyffryn Clwyd', *Caneuon Gwilym R. Jones* (Gwasg Gee); 'Cyflafan', 'Ffarwél Haf' (trwy garedigrwydd Iwan Jones, Yr Wyddgrug, mab yr awdur)
John Jones (Llew o'r Wern): 'Yr Eneth Gadd ei Gwrthod', *Cân Di Bennill* (Gwasg Gomer)
John Lewis Jones: 'Cywydd Croeso i Eisteddfod Genedlaethol Bro Delyn 1991', *Cerddi Tryweryn* (Gwasg Carreg Gwalch)
R. H. Jones: 'Afon Clwyd', *Alwen Hoff* (Hughes a'i Fab)
Sera Meirion Jones: 'Pont Llangollen', (gan yr awdur)
Stephen Jones: 'Creigiau'r Eglwyseg', *Dylunio'r Delyneg* (Cyhoeddiadau Barddas)
Trefor Jones: 'Cwm Eithin' (o'r cylchgrawn *Barddas*)
William Jones (Ehedydd Iâl): 'Storm yr Argyhoeddiad', *The Oxford Book of Welsh Verse* (Gwasg Prifysgol Rhydychen)
Limrigwyr y Rhos (o bapur bro *Nene*)
Alan Llwyd: 'Emlyn Williams' (gan yr awdur)
Alun Llwyd: 'Fflint, 28.12.88', 'Park Avenue, Wrecsam', *Blwyddyn a 'Chydig* (Y Lolfa)
Iwan Llwyd: 'Beddau Bodelwyddan' (o'r cylchgrawn *Barddas*)

Geraint Løvgreen: 'Jim Beam', 'Limrig yn cynnwys Enw Mynydd', *Holl Stuff Geraint Løvgreen* (Gwasg Carreg Gwalch); 'Clawdd Offa', *Dros Ben Llestri* (Gwasg Carreg Gwalch)

Gwion Lynch: 'Owain Glyndŵr' (o'r papur bro *Y Bedol*)

Peredur Lynch: 'Cywydd Croesawu Eisteddfod Genedlaethol yr Urdd i Fro Glyndŵr 1992', *Cywyddau Cyhoeddus* (Gwasg Carreg Gwalch)

Dafydd Evan Morris: 'Yr Allwedd' (o'r cylchgrawn *Barddas*)

Gwilym Morris: 'Fy Mro' (gan yr awdur)

Aneurin Owen: 'Olion' (gan yr awdur)

Dafydd Owen: 'Dimbech', *Dimbech a Cherddi Eraill* (Cyhoeddiadau Barddas)

Siôn Aled Owen: 'Gresffordd 1934' (gan yr awdur)

Norman Closs Parry: 'Sir y Fflint 2004' (gan yr awdur)

R. Williams Parry: 'Dyffryn Clwyd', *Y Casgliad Cyflawn* (Gwasg Gee)

Karina Perry: 'Gwawr' (o bapur bro *Y Clawdd*)

William Rees (Gwilym Hiraethog): 'Ar Farwolaeth y Diweddar Mr Thomas Gee, Hynaf, Dinbych', *Awelon o Hiraethog, Cyfrol 1* (Gwasg Gee)

O. Trevor Roberts (Llanowain): 'Twm o'r Nant', *Trydydd Cerddi Llanowain* (Gwasg Gee)

Eirug Salisbury: 'Cyfrannu' (gan yr awdur)

Taliesin o Eifion: 'Castell Dinas Brân', *O Fôn i Fynwy* (Gwasg Prifysgol Cymru)

Gwyn Thomas: 'Y Dref Wen', *Ysgyrion Gwaed* (Gwasg Gee)

Gwilym R. Tilsley: 'Tegla', *Edward Tegla Davies Llenor a Phroffwyd* (Gwasg y Brython); 'Croeso i 'Steddfod Wrecsam 1977', *Rhaglen Swyddogol Eisteddfod Genedlaethol Wrecsam 1977* (Llys yr Eisteddfod Genedlaethol); 'Ysgol Morgan Llwyd yn 21 oed', *Llyfryn Dathlu 21 Ysgol Morgan Llwyd, Wrecsam*

Traddodiadol: 'Yr Asyn A Fu Farw', 'Marchnad Llangollen'

Aled Rhys Wiliam: 'Ein Papur Bro', *Blodeugerdd y Glannau* (Cyhoeddiadau Barddas); 'Gwanwyn yn Y Rhyl', *Cywain* (Gwasg Gwynedd)

Derec Williams: 'Eira ar Hiraethog', o gaset Leah Owen *Unwaith Eto i Ti* (Cyhoeddiadau Sain)

Gwynne Williams: 'Y Rhos', *Rhwng Gewyn ac Asgwrn* (Llyfrau'r Dryw); 'Nene Ene', 'Y Ddwy Ddelw', *Pysg* (Cyhoeddiadau Barddas); 'Ar Lan Hen Afon Ddyfrdwy Ddofn' (gan yr awdur)

R. Bryn Williams: 'Ar Bont Llangollen', *O'r Tir Pell* (Gwasg y Brython)

Rhydwen Williams: 'Cerdd Goffa i David Lloyd', *David Lloyd, Llais a hudodd genedl* (Darlith a gyhoeddwyd gan Bwyllgor Cerdd Eisteddfod Genedlaethol Y Rhyl 1985)

Cyfres Cerddi Fan Hyn

CYFROLAU I DDOD:

Sir Gaernarfon
gol. R. Arwel Jones

Y Cymoedd
gol. Manon Rhys

Meirionnydd
gol. Siân Northey

Y Byd
goln. R. Arwel Jones
a Bethan Mair

£6.95 yr un

Mynnwch y gyfres i gyd

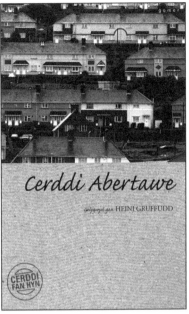

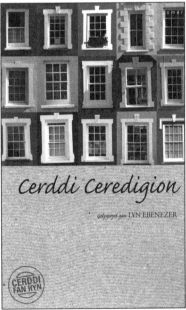

Cerddi Powys

Golygwyd gan DAFYDD MORGAN LEWIS

CERDDI FAN HYN

Cerddi Sir Gâr

Golygwyd gan BETHAN MAIR

CERDDI FAN HYN

Cerddi Môn

Golygwyd gan HYWEL GWYNFRYN

CERDDI FAN HYN

Cerddi Caerdydd

Golygwyd gan CATRIN BEARD

CERDDI FAN HYN